上：**イッソスの会戦**　ポンペイ「牧神の家」出土の床面モザイク画。前１世紀初頭
（ナポリ国立考古学博物館蔵）　アフロ提供

左①：**ポロス王への戦勝を記念した，アレクサンドロス銀貨**　10ドラクマ貨。前323年
左②：**ダレイオス三世の像を刻んだ，ペルシア金貨**

前ページ：**アレクサンドロス胸像**　ローマ時代模作（ルーヴル美術館蔵）　アフロ提供

①

②

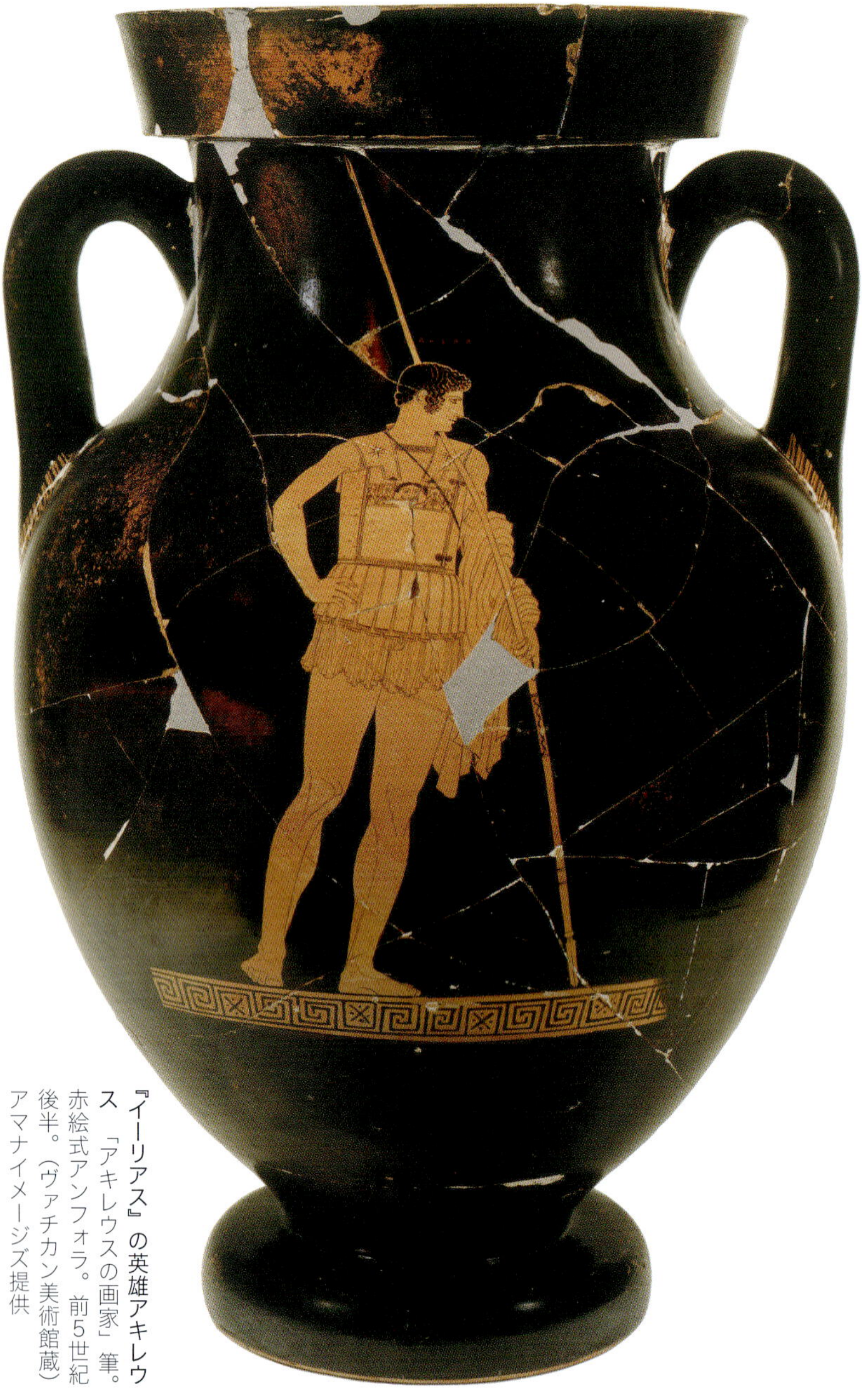

『イーリアス』の英雄アキレウス「アキレウスの画家」筆。赤絵式アンフォラ。前5世紀後半。（ヴァチカン美術館蔵）アマナイメージズ提供

新・人と歴史　拡大版　09

# アレクサンドロス大王
## 「世界」をめざした巨大な情念
［新訂版］

大牟田　章　著

SHIMIZUSHOIN

本書は「人と歴史」シリーズ（編集委員　小葉田淳、沼田次郎、井上智勇、堀米庸三、田村実造、護雅夫）の『アレクサンドロス大王』として一九七六年に、「清水新書」の『アレクサンドロス大王・「世界」をめざした巨大な情念』として一九八四年に刊行したものに加筆・修正を施して新訂版として復刊したものです。

# はしがき

アレクサンドロス大王が、父フィリッポス二世のあとを承《う》けてマケドニアの王位についたのは、紀元前三三六年のことである。一九六五年はその年からかぞえ起こして、ちょうど二三〇〇年目にあたるというので、イギリスのある古典学研究誌は、わざわざそのために「アレクサンドロス研究特集号」を組んだりした。いささか大仰な記念号、という感じもするが、編集者の狙いは、それを機会に、近年とりわけ活発になってきた、古典的なアレクサンドロス評価への批判を集録して、研究関心をいっそう盛り上げようというところにあったのであろう。

歴史上の人物が多少ともつねにそうであるように、アレクサンドロスのばあいも、その評価・解釈は、時代の流れに応じ、研究者の立場姿勢によって、大きく変わってきた。溯《さかのぼ》れば一九世紀なかば近く、ドイツの歴史家ドロイゼンが、プロシア国家主義の立場からするドイツ統一への期待を歴史に投影させて、そこからマケドニアの覇権、さらにはアレクサンドロスの壮大な覇業を、熱っぽい筆で讃美したとき、同時代のイギリスでは、自由主義的な歴史家グロートが逆に、洗練されたギリシア市民社会の没落を愛惜《あいせき》して、北狄《てき》マケドニアの勃興、ひいてはアレクサンドロスの制覇に冷たい眼を向けた。今世紀第二次大戦前のアレクサンドロス像は、概してドロイゼンの強い影響のもとに、理想主義者としての、あるいは合理主義者としてのアレクサンドロス、を強調するが、いずれも、高いギリシア文化を東方にになう、輝ける騎士として、かれを世界文化史上の卓越した英雄に描き出すという点では、変わりはなかった。しかし、大戦の惨烈な経験が歴史、人物解釈の上に投影された例は、このばあいにもあてはまる。アレクサンドロスのうちにひそむ、一種の「デモーニッシュ」な力、恐るべき激情と果てしない自我の拡大は、痛切な戦争体験を持つある学者には、独裁者ヒトラーのすがたと二重写しになって感じられたのである。今日の研究の活況も、こうした解釈の分裂から生じた。歴史は解釈である、といわれる。アレクサンドロスだけの問題では、むろんない。一般に歴史をどう考え、どう解釈するか、は、私たちもまた歴史のただ中にある以上、そのまま私たちの現実への生き方に、直接かかわるものを持っているであろう。

アレクサンドロスという人間を内側から支え、かれをつねに前へと駆り立てた、その推進力の源泉は、私には「可能性」への信頼だったように思われる。未来に対するかれの憧れだった、といってもよい。可能性を信ずることは、自分自身をどこまでも信ずることであろう。そして、自分を中心にすえて、この世界を信ずることでもあろう。こうして、かれはどこまでも、太陽でなくてはならない。太陽は灼熱《しゃくねつ》したエネルギーの塊である。味方も、敵でさえも、出会ったすべてのものを、その引力圏に引き込み、近づくあらゆるものに、自分と同質の磁性を与えずにはおかない。これはたしかに、抵抗し難い一種の「魔力」ともいうべきものだった。「人間的魅力」などという生ぬるい表現では、とうてい尽くせない、それはある種の無気味さをすらたたえた「魔力」であった。

私が、アレクサンドロス東征についてのいろいろな史料を、幾度読みかえしてみても、ついに私の理解を超えるのは、このアレクサンドロスの、「魔的な」としかいいようのない、力というか、性格であり、またかれの、その「魔法の采配《さいはい》」のもとに幾万の兵士たちが、「ただ黙々と」艱難苦闘の一〇年間をつき従ったという、その事実なのだ。「ただ黙々と」だったのか、どうか。それには異論があるだろう。遠征の進展につれて、王側近には目立った反アレクサンドロスの動きもおこる。しかし私は、そうした「事件」のなかによりも、かえってふとした出来事の、さりげない記述のなかにこそ、軍全体のいわば生《なま》の反応が、ありのままのすがたで読み取れ、それがそのまま、アレクサンドロスに対する将兵の感情の照り翳《かげ》りにつながっていることを、見いだせるように思うのである。兵士たちの間には、たしかにアレクサンドロスの意志に反抗する抵抗もあれば、騒擾もおこった。しかしアレクサンドロスは、ともかくも最後まで、兵士たちの心情を捉えて離さなかった。ただ、兵士たちのかれに対する理解が心情的なものにとどまって、ついにその域を越えなかったことが問題だった。アレクサンドロスという「人物」は、そしてアレクサンドロスの「世界」は、フィリッポスあるいはかれのマケドニアとは、異質のものとして形成されたからである。

いったいこのアレクサンドロスという人物はどんな人間だったのか。そしてどんな行動の軌跡が、かれを世界史上の人物としたのか——。私は、このささやかな書物のなかで、誰もがおそらくはいだかれるであろう、こうした疑問と関心とを、私もまた共有しながら、「私自身のアレクサンドロス」を、できるだけ太い線で描いてみたいと思う。

昭和五〇年四月　　大牟田　章

# 目次

## Ⅱ　疾風

# Ⅲ　羅針盤

# Ⅳ　見果てぬ夢

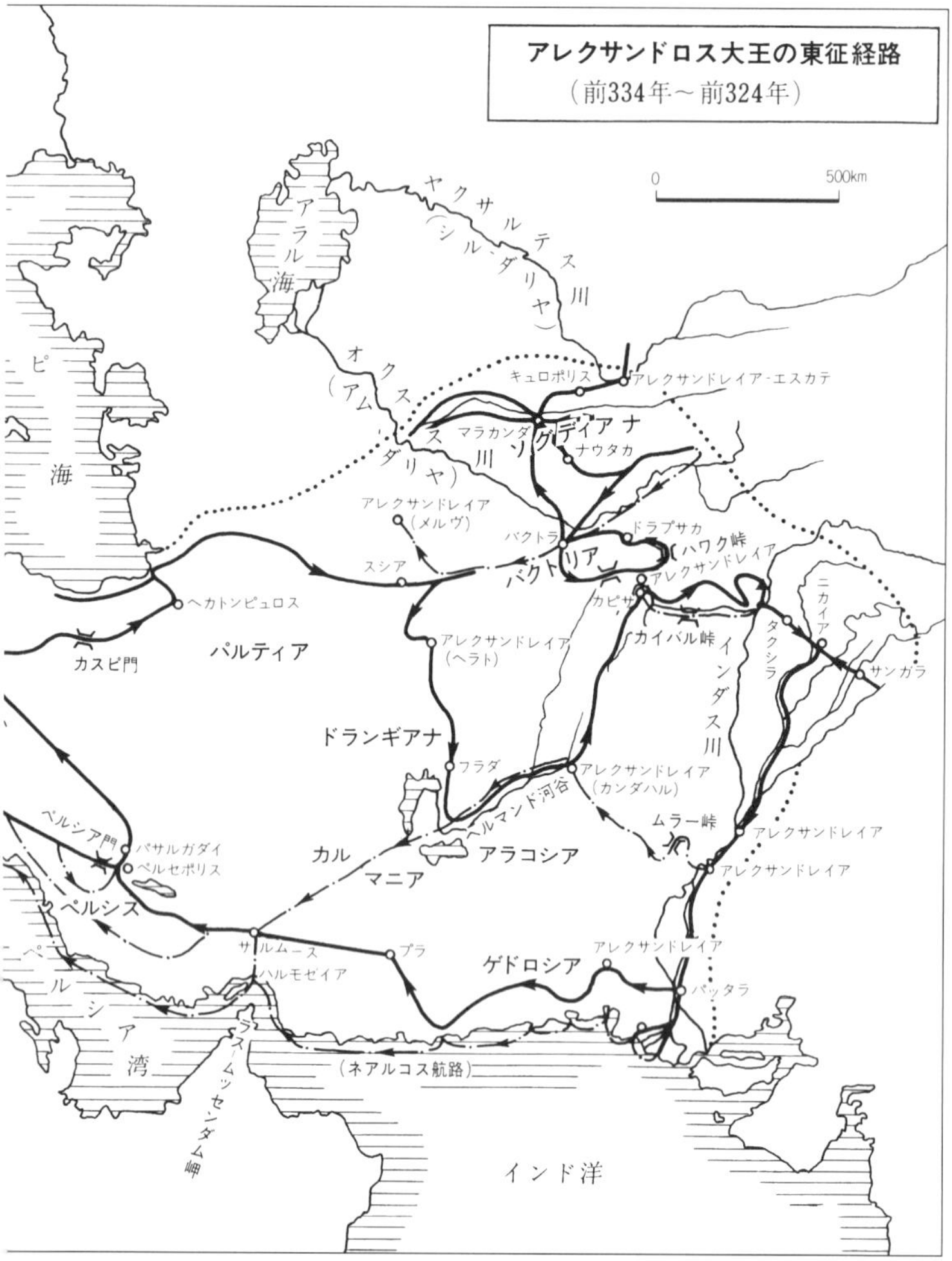

アレクサンドロス大王の東征経路
（前334年～前324年）
0
500km
アラル海
ヤクサルテス川
（シル・ダリヤ）
オクスス川
（アム・ダリヤ）
キュロポリス
アレクサンドレイア-エスカテ
マラカンダ
ソグディアナ
ナウタカ
アレクサンドレイア
（メルヴ）
バクトラ
ドラプサカ
ハワク峠
アレクサンドレイア
バクトリア
スシア
カピサ
ヘカトンピュロス
カスピ門
パルティア
カイバル峠
アレクサンドレイア
（ヘラト）
タクシラ
ニカイア
サンガラ
インダス川
ドランギアナ
フラダ
アレクサンドレイア
（カンダハル）
ヘルマンド河谷
ムラー峠
ペルシア門
パサルガダイ
ペルセポリス
カルマニア
アラコシア
アレクサンドレイア
アレクサンドレイア
ペルシス
サルムース
ハルモゼイア
プラ
ゲドロシア
アレクサンドレイア
パッタラ
ペルシア湾
ラス・ムッセンダム岬
（ネアルコス航路）
インド洋
カスピ海

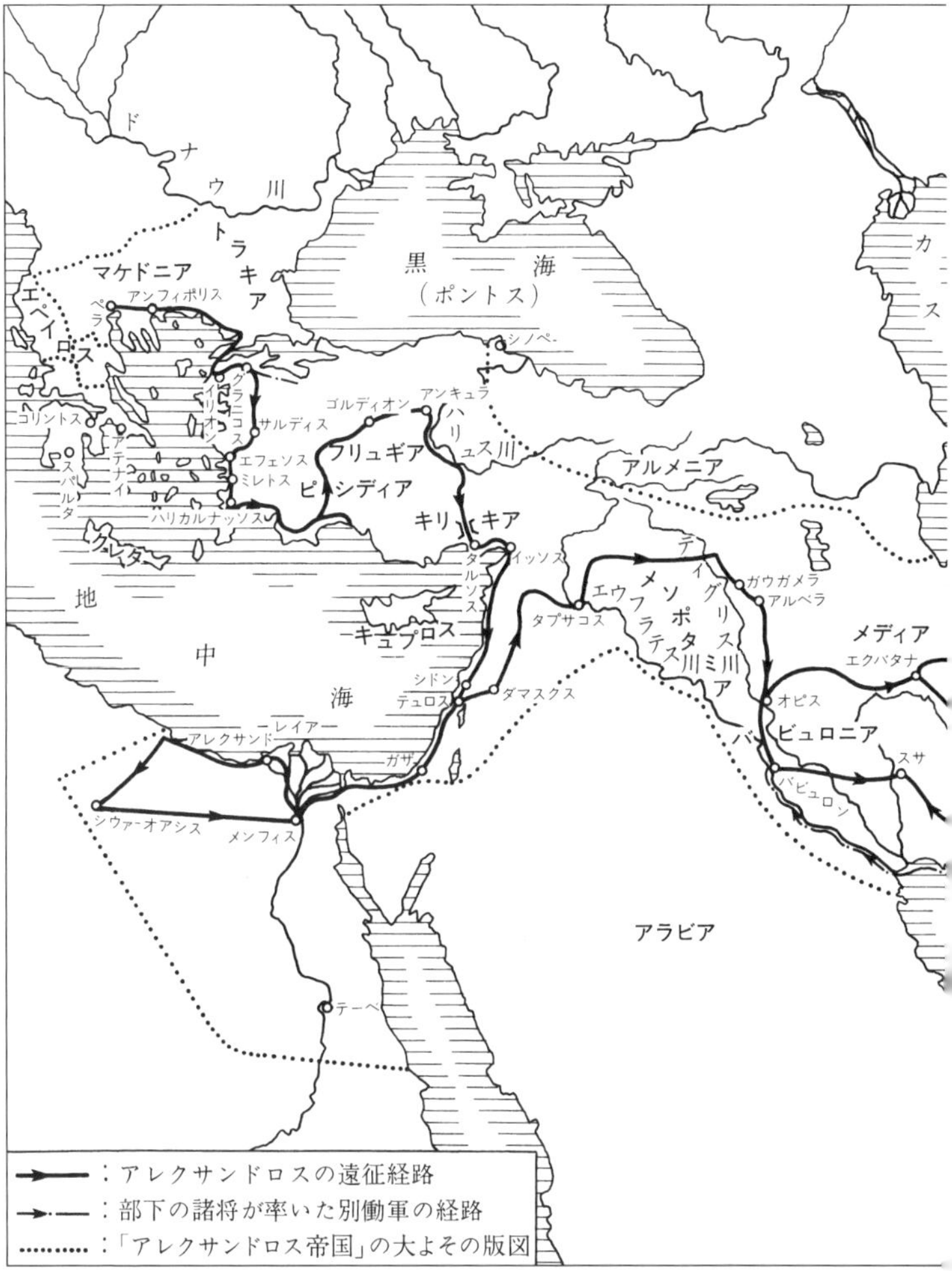
ドナウ川
トラキア
マケドニア
エペイロス
ペラ
アンフィポリス
黒海
（ポントス）
シノペ
イリオン
グラニコス
サルディス
コリントス
アテナイ
スパルタ
エフェソス
ミレトス
ハリカルナッソス
クレタ
ゴルディオン
アンキュラ
ハリュス川
フリュギア
ピシディア
キリキア
タルソス
イッソス
アルメニア
地中海
キュプロス
シドン
テュロス
ダマスクス
ガザ
アレクサンドレイア
シウァ−オアシス
メンフィス
テーベ
タプサコス
エウフラテス川
ティグリス川
メソポタミア
ガウガメラ
アルベラ
メディア
エクバタナ
オピス
バビュロニア
スサ
バビュロン
アラビア
：アレクサンドロスの遠征経路
：部下の諸将が率いた別働軍の経路
：「アレクサンドロス帝国」の大よその版図

# I

# 満ちてくる潮

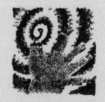

# 期待と不安

## ❖混迷のなかのギリシア世界

アレクサンドロスの「人と歴史」は、かれに先立つ、父フィリッポス二世時代のマケドニア王国と、当時のギリシア世界への理解を抜きにしては、語れない。マケドニア王国は、フィリッポスのもとで急速に、当時最強の軍事国家へと成長をとげ、かれが育成した軍隊はやがて、アレクサンドロスの、世界を動かす巨大な行動のために、欠かすことのできない手段を提供することになる。南のギリシア世界は、すでに避け難くフィリッポスの照準の前にあった。東方のペルシア帝国は、遠からずつぎの目標となるであろう。少年期のアレクサンドロスをとりまく世界——マケドニアとギリシアとの関係は、緊迫の度を加えていた。その時代状況がやがて、成人したアレクサンドロスにとって、最初の活動舞台となり、そこでの活動がさらに、東方遠征に向けての大前提になったのだとすれば、私たちはまず、アレクサンドロスの歴史の最初の舞台背景として、フィリッポス時代のギリシア世界の状況をふりかえって見ることから、始めなくてはならない。

アレクサンドロスが生まれたのは、前三五六年というから、かれの少年期は、ギリシア世界ではすでに衰退自壊の様相が、もはや誰の眼にも歴然と現れはじめていた時期にあたる。前世紀末のペロポネソス戦争に勝ったスパルタは、戦勝ののちもいっこうに人気上がらず、代わって興ったテバイも間もなく、前三六〇年代の末には、その不安定な覇権を失う。一方、すでに七〇年代はじめ、ペルシアの資金援助のもとに艦隊と同盟を再建していたアテナイも、やがてしだいに力を旧に復しはじめると、以前にくらべて自主自立の意識が強くなっていた同盟諸国の側は、それに反発してついに戦争となり、アテナイは交戦二年にして、孤立無援のなかに屈服を余儀なくされるありさまだった。五〇年代なかばのことである。前世紀の「アテナイ帝国」の実力も威信も、今は地に墜《お》ちた感が深い。

要するに、団栗《どんぐり》の背くらべの状態になった。国《ポリス》と国との関係は、昔から対立衝突のくり返しだったが、その上、今は内戦がいっそう激しくなった。武力沙汰におよぶ党派抗争も、トゥキュディデスがしばしばそのすさまじいありさまを描き出しているように、むろん今に始まったことではない。しかし、社会経済の変化が市民生活のあり方を大きく変質させつつあったこの時期、経済的に没落して流れ者になったり、反対派から国を追われて異国に亡命したりした人々は、生きるために傭兵となるものが多く、内戦の規模もまた、そのためいちだんと大きくなった。この断ち難い悪循環が、ギリシアの混迷を救い難く深めることになったのだ。

### ❖ギリシア救済の途を外に求めて

「普遍平和《コイネーエイレネ》」という考え方や言葉が流行するようになったのも、この時期のことである。しかし、どの国も自主独立、対等の地位をたもちながら、仲良く平和に、というこの考えは、それだけではもはや現実的ではない。そこで、これも古くからギリシア人には馴染みぶかい「覇権《ヘゲモニア》」の考え方が、これと結びつくことになった。当代一流の政論家イソクラテスも、そうした考え方に立って、やはり祖国アテナイを盛り立てようとしたひとりだった。しかしその希望が、同盟諸国の反抗によって現実に崩れさってからは、かれは強い指導力でもってギリシアの混迷をとりまとめ、平和と安定を回復してくれる、それだけの実力と「善意」の持ち主を、周辺の新興諸国の支配者の間に求めるようになる。衆愚の民主政ではもうだめだ、と、かれは救いを外に求めようとするのである。そして最後にかれが白羽の矢を立てたのが、当時のギリシア人にはまだ後進未開と思われていた、北方の軍事国家マケドニアの王、フィリッポス二世なのであった。

ところで、国の内部の混乱や矛盾を解決するときに使われる効果的な手段《て》といえば、いつの時代にも、共通の敵を国の外につくることだ。このばあいも例外ではない。内戦の矛盾を外征によって打開するというやり方、考え方は、このばあい、もともとギリシアの内乱のもとが貧しさにある、つまりは耕地が足りないからだ、という一般の認識に支えられて俗耳に受け入れられやすい。イソクラテスはこうした空気を背景に、豊かな国ペルシアへの反感、敵対意識をかれ一流の修辞を凝らした東征論のなかであおり立ててゆく。想いおこすがよい、とかれはいう。あのペルシア戦争のときの東方の夷狄《バルバロイ》どもの蛮行を。ペルシア人は、われわれギリシア人にとっては生まれながらの敵なのだ。奴らをギリシア全体の奴隷の地位にまで追い落すことは、実にわれわれの神聖な使命でなくてはならぬ（イソクラテス『パネギュリコス』）。調子が勇ましすぎてヒステリカルに響くのは、これが祭典演説の一部だということにもよるのだろう。が、かれはまたこんなこともいう。大体において、夷狄どもがギリシア人よりも裕福だなどということ自体、許し難い不合理ではないか。われわれの利益のために、奴らの繁栄を奪いとらなくてはならぬ、と（イソクラテス『フィリッポス宛て公開書簡』）。民族的な優越意識と持てるものへのねたみとが、奇妙に混ざりあった論

イソクラテス（前436〜338）

理だが、イソクラテスの本心は、まずこのあたりにあったのかもしれない。

### ❖報復的東征論の背景

もともとこのイソクラテスは、富裕な楽器製造業者の家の出だった。内乱であれ戦争であれ、有産市民層がおそれるのは、何よりも国内秩序の不安定だった。戦争になると、かれらは莫大な財産税の狙い撃ちにされたし、まして内乱ともなれば、財産を失う危険はいつ何どきでも覚悟していなくてはならなかった。「今どき裕福だなどと他人《ひと》さまから思われるほど危険千万なことはない。それは人前で大っぴらに悪事を働くよりも、ずっと危いことなのだ」（イソクラテス『アンティドシス論』）というかれの言葉は、その当時の金持ち一般の偽らぬ気持を代弁したものだろう。

ことに浮浪者同然になった無産市民の数がふえて、社会不安の種が大きくなると、有産層の危惧は、かれらの不満が爆発しない前に、何とかかれらを「隔離」する、その手段《てだて》を模索するようになった。イソクラテスは現実的な政策論としてこう考える。まずどこか外地に植民地を獲得して、そこに社会の危険な不満分子を送り出し、連中を遠ざけてしまうことだ。そうすれば、こちらとしては有産層の利益を守る安定した社会を、伝統的な国制のもとに維持してゆけるだろう――。一〇〇年以上も昔のペルシア人の侵略や暴行に対して、報復の戦さをおこす、というのは、このばあい、むしろギリシア側からの侵略計画をカバーするための口実というか、もはや時効にかかった大義名分でしかなかった。この理屈づけが当時のギリシア人にとってさえ熱狂的に迎えられるようなものでなく、ほとんど言葉のあやぐらいにしか受けとられなかったのは、むしろ当然だったであろう。

イソクラテスはギリシア人だから、ギリシア人の立場、利害にひき寄せてしか問題を考えないようなところがある。マケドニアのフィリッポスにギリシア統合の中心となって、ペルシア討征の軍を率いてもらおうと思い立ったときも、要するにフィリッポス王の権威と実力だけを借りさえすればよいと、存外簡単に、問題を考えたらしい。マケドニアの王家はもともと英雄ヘラクレスから出た、ギリシアでも由緒正しい家柄だ、などと持ち上げたりする一方で、では統合成ったあかつき、マケドニア王がポリス諸国と、一体どのような政治上の権利義務関係に立つことになるのか、といった肝腎《かんじん》な問題になると、かれの構想はとたんに、ひどくあいまいになる。ほとんど何も考えてはいないといってよいほどなのだ。どこかの傭兵隊長の手を一時借りてくる程度の、楽観的という以上に単純な発想だったのではないか、とさえ思わせられるのである。実際は、むろんのこと、そう簡単にゆくはずもなかった。フィリッポス二世は、このイソクラテスが甘く見たよりはずっと政略に長《た》けた人物だった。むしろフィリッポスのうちに最大の敵を見てとったデモステネスの方が、はるかに的確に、相手の大きさ、相手のただならぬ実力を見抜いていたというべきだろう。

## ❖戦闘的愛国心

アレクサンドロスが生まれた（前三五六）のは、マケドニア王国がこのフィリッポス二世のもとで、ようやく新しい発展のスタートを切った時期にあたる。フィリッポスは、前三五七年のアンフィポリス占領を手始めに、エーゲ海の北辺にあるギリシア都市をひとつひとつ、着実に自分の勢力圏のなかへ取り込んでいった。かれにとって武力行使は、必ずしも策の得たるものではない。敵の内情を的確につかみ、相手の心理的な弱みにつけ入る巧妙なやり方は、買収工作や外交上の駆引に縦横に発揮された。

デモステネス（前384〜322）

アテナイの民会は、こうした政略の戦いでつねに遅れをとり、とり返しのつかない失点をつぎつぎと重ねただけではない。アテナイの同盟都市がマケドニア軍に攻囲された、そのほとんどのばあいに、救援に出動すべき軍隊も艦隊も、まずまともに戦力をそろえることさえ絶望的、というのが、当時の実情なのであった。デモステネスがあの熱っぽい調子で、くり返しギリシアの危機を訴えかけたのは、何よりもこうした市民の利己的な無関心に対して、だったのである。「自分は何もしなくても、そのうちには誰かが自分に代わってやってくれるだろう、などと安易に他人まかせにすることは、今すぐにやめなくてはならぬ」とデモステネスは呼びかける。「財産のあるものは自発的に戦費を拠出せよ。兵役年齢にある市民は、傭兵に頼らずみずから進んで国防の戦さに出よ」（デモステネス『フィリッポス弾劾論』第一）。民会では長い日数をついやして、空疎な論議をいたずらにくり返すばかりだ。その間に好機はいつも失われてしまう。「たとえ立派な決議が成立しても、それを実行に移そうという積極的な意志がそこに伴うのでなければ、決議など、まったくの反古《ほご》同然ではないか」（デモステネス『オリュントス防衛論』第三）。それにひきかえ、あのフィリッポスはどうか。「こうと思ったことは機を逸せずただちに命令し、実行に移すだけの独裁権力をもって、その育成した国民軍の精兵を自由自在に、効果的に動かしているではないか」（デモステネス『冠について』）。デモステネスのこうした比較の仕方は、国の、あるいは政治のあり方の違いをつうじて、時代をになう力の交代を的確に見通しているといってよい。

## ❖家庭を顧りみぬフィリッポス

フィリッポスはそのころ、一年の大半を戦場ですごすことが多かった。冬の間は戦争を中止する、といったギリシア人たちの約束・慣習など、もはやかれには通用しない。夫としての、あるいは父としてのつとめをたとえ犠牲にしても、この後進国マケドニアをはやく富強な軍事国家に育てあげなくてはならぬ――。これがかれの、自分に課した目標なのだった。前三五六年、アレクサンドロスが生まれたのをかれが知ったのも、エーゲ海の北に突き出たカルキディケ半島のギリシア都市ポテイダイアを攻囲している最中のことだった。

フィリッポスが家庭を顧りみなかったということは、たしかに精力的な軍事、政治活動の結果にはちがいなかったが、かれ自身にもまた、家庭生活を疎《うと》んずる個人的な理由が必ずしもないわけではなかったらしい。妃のオリュンピアス、結婚するまでは、西のエペイロスの王女だったこの女性を、フィリッポスが見そめたのは、彼女がサモトラケ島に伝わる古いカベイロイの密儀に、信者として参加したときのことだったという。この土俗の原始的な祭りは、激しい性的興奮がつきものの、神がかりした狂宴乱舞と結びついていて、その忘我的な集団の陶酔状態のなかで、神とじかに触れあうといった、一種の魂浄《たまきよ》めの儀式だった。当時一七歳のこの少女にとって、これは故郷エペイロスでのディオニュソスの祭りやオルフェウスの祭り以上に、強烈な刺激だったにちがいない。若いフィリッポスの方も、この激しく野性美にあふれた、官能的なオリュンピアスを見て、その魅力に強く心惹かれたことだろう。

しかし、そうしたオリュンピアスの持ち前の激情的な性格が、平和な家庭生活に馴染みにくいものであることは、まもなく明らかになった。結婚してからも、飼い馴らした大小何種類もの蛇をペットにして、身辺から離さないというありさまである。それはあの、常春藤《きづた》の冠をつけ、生きた蛇を挿《かざ》しにからませ身にまつわらせて踊り狂う、野蛮な祭りのおぞましさが、そのまま家庭のなかにまで持ち込まれたようなものだった。それだけではない。ある夜など、フィリッポスは妻が蛇と一緒に寝床に臥せっているのに気がついて、いい難い恐怖と嫌悪感にとりつかれ、それからというものは、妻と共寝することも避けるようになったという。オリュンピアスは激しい気性の持ち主だっただけに、また自己暗示にもかかりやすい、幻想的な女性であったようだ。しばしば妻が打ちあける霊夢の話や神のお告げの話なども、根が単純素朴なフィリッポスには、いったいそれをどう考えたらよいのか、ただ当惑するばかりで、それだけにいっそう、妻に対して何とも無気味な、疎《うと》ましい感じを強く抱くようになったにちがいない。

フィリッポスはオリュンピアスと結婚してからも、三人の女性を妃妾として迎えているが、王家の出であり、嫡子アレクサンドロスを生んだ正妻としての彼女の立場は、当面少なくとも前三三七年までは揺るがなかった。一見まったく非政治的ともみえる、このオリュンピアスとの恋愛結婚にも、実は好戦的なイリュリア人に対するエペイロス王国との共同防衛という、国家的な思惑がからんでいたとすれば、なおさらのことだったにちがいない。しかし、卓抜な将軍であり、比類ない外交家として喧伝《けんでん》されたフィリッポスも、まるで神々と同盟したかたちのオリュンピアスが相手では、さすがに形勢不利とみて、兜《かぶと》をぬぐよりほかはないのであった。

## ❖英雄の原像アキレウス

アレクサンドロスは、その幼、少年期をつうじて、両親の間にしだいに強まるこうした不協和音のなかで過ごした。オリュンピアスは、夫との間柄が疎遠になればなるほど、その愛情を息子に傾注するようになる。この母親の感化力は、アレクサンドロスの性格形成の上に、深い影響をおよぼさずにはいなかっただろう。彼女がくり返し語り教えてやまなかったのは、生まれの高貴とそれにふさわしい行いの高貴、ということだった。――お前の祖先はみな、ふつうの人たちとは違う、神々の血を享《う》けているのです。父上の遠い先祖は、あの十二の難業を成しとげて不死の神々のなかに加えられた英雄ヘラクレスで、そのヘラクレスは、お前も知っての通り、大神ゼウスのお子なのです。ゴルゴンを退治したペルセウスも、このアルゲアスの王家とはゆかりのある英雄でした。その上お前には、私の家の方からも、あの『イーリアス』に誉《ほま》れ高い英雄アキレウスの血がまっすぐに伝わって流れているのです。先祖の英雄たちに負けない、先祖の誉れをしのぐほどのすぐれた英雄になること、それがお前のつとめなのです――。

こうした英雄の系譜は、ソフィスト的な合理主義の洗礼を受けた当時のギリシア人の間には、あるいはもはや荒唐無稽《むけい》のたわごととしか聞こえなかったかもしれない。けれどもこの素朴な、森と湖の国マケドニアでは、伝説の英雄たちがそのまま生きた現実として受けとられ、神話の世界の表象が実在の世界に力強く働きかける、そういった雰囲気がまだ生き生きと息づいていた。

オリュンピアスが息子のために最初の教師として選んだリュシマコスのやり方も、この幼い生徒の夢と想像力をいっそう豊かにかきたてることになった。かれは生徒のアレクサンドロスのことを、ふだんアキレウスと呼び、自分を、英雄アキレウスの教師だったフォイニクスになぞらえることで、少年がとりわけいく度も母親から聞かされたであろう、英雄アキレウスの物語に、一段と現実味を加えたのだった。アレクサンドロスにとって、アキレウスはしだいに実在の英雄となっただけではない。時とともに、もはやかれ自身がアキレウスそのものでなくてはならなくなるのだ。のちにアリストテレスは、アレクサンドロスの需《もと》めに応じてホメロスの詩を講読しているが、そのとき贈られた『イーリアス』の校訂本を、アレクサンドロスは東征のあいだ中、護身用の短剣と一緒に、夜は必ず枕の下において眠ったという。それは文字通り、かれに英雄としての生きざまを教える、枕頭の書なのであった。アキレウスがかれの心のなかでどれほど鮮烈に生きていたか、そしてかれが、心のなかのアキレウスをどれほど強く自己そのものとして意識していたか。私たちはやがて、アレクサンドロスの発想や行動のなかに、しばしばその具体例を見いだすことになるだろう。

## ❖学問の師アリストテレス

フィリッポスの方もまた、息子の教育に決して無関心だったわけではない。むしろ母親よりも、もっと大きな立場に立って、アレクサンドロスの成長を見守っていたのかもしれない。前三四三年には、アレクサンドロスは一三歳になっていた。家庭内のいざこざから遠ざけ、ことに母親の狂熱的な、あまりにも強すぎる個性の影響から、しばらくでも引き離すことが、少年期の繊細な感受性にとっては必要なのではなかろうか――。それに、そろそろ本当の学問に触れさせてよい時期でもあった。

王子アレクサンドロスの教育を委ねるに足る人物としては、ギリシア本場の高い学識を十分身につけていることが必要条件なのは当然だが、その上でこのマケドニアについても深い理解と愛着を持ってくれる人物ならば、いっそう望ましい。フィリッポスには、この条件にかなう意中の人があった。先々代の、父アミュンタス三世の侍医だったニコマコスの子で、当時四一歳のアリストテレスである。一七歳のときからプラトンのアカデメイアに学んで、その卓抜な才能を師友の間に謳《うた》われたかれは、師の死（前三四七）後学園を去って、独自の学風を築きながら、そのころは小アジア西岸に近いレスボス島のミュティレネにあって、とりわけ自然科学の研究に没頭していた。かれはフィリッポスより二つ年上である。少年の日のアリストテレス

アリストテレス（前384〜322）

は、医師の父が王の一家と家族的な交際をしていた関係で、年格好が同じくらいの王子たちとも幼な馴染みだったのかもしれない。

しかし、フィリッポスが当代のすぐれた学匠たちのなかから、とりわけアリストテレスを選んだ背景には、今ひとつ、もっと現実的な政治目的とのかかわりがあったようにみえる。それはどんなことだったのか。

アカデメイアを去ったアリストテレスがまず移り住んだのは、小アジア西北岸、トロイアに近いアッソスという小都市だった。この町は近くのアタルネウス市とともに、僭主ヘルメイアスが支配する町で、プラトンの学問を愛慕するヘルメイアスは、ここに同門の哲学者たちの協力をえて、理想的な国づくりを考えていたらしい。アリストテレスとヘルメイアスとは、とりわけお互いの深い友情と尊敬で結ばれ、アリストテレスはやがてこの友人の養女を妻に迎えることにもなる。このアッソスにはまた、のちにアレクサンドロス側近の歴史家として東征に従軍する、アリストテレスの甥《おい》のカッリステネスも、またレスボス島出身の大植物学者テオフラストスもやってきた。アテナイのアカデメイアの森から移植された学問の若木が、このエーゲ海の対岸で、当時新しい、ひとつの学派として形成されつつあったのである。

## ❖ギリシアとペルシアをにらんで

しかし、こうした活気にみちた学問の町も、迫りくる政治的紛糾の外に立つわけにはいかなかった。折しもフィリッポスの軍事進出のほこ先は、ヘレスポントス海峡方面に向けられていた。たぶん、この海峡経由で黒海沿岸から年々莫大な穀物を輸入しているアテナイに、海峡封鎖で圧力をかけようとするのが、当面、かれの狙いだったのだろう。けれどもフィリッポスの意図がそれだけだったとは思えない。かれはもう、アテナイが早晩屈服する、そのあとの段階まで考えて、画策していたように見える。

ちょうどこの時期に発表された、アテナイの政論家イソクラテスの、フィリッポス宛て公開書簡（前三四六）は、もっぱらギリシア人とくにアテナイ人の利害打算の立場からする身勝手な申し条だったとはいえ、その趣旨においては、フィリッポス自身のひそかに企図するところと合致するものだったにちがいない。フィリッポスの冷静な頭は、他人の褌で相撲をとろうとするような、そうしたギリシア人本位の政策論とは別のところで、マケドニアとしてとるべき国策としての、小アジア侵攻計画をとうに立案ずみだったろう。そのためにはギリシア世界は、適当に威嚇し、適当にあやしつけて、マケドニアの国策遂行の線にうまく協力させるよう持ってゆかなくてはならぬ。イソクラテスの献策——あれはそのためにうまく利用できるかもしれない……。

ともあれ、ヘレスポントス海峡まで進出すれば、小アジア対岸はもう指呼《しこ》の間にあった。その一角にわたりをつけることができれば、将来への布石として、これ以上に好都合なことはあるまい。僭主ヘルメイアスは、まさしくその一角を支配する有力な領主だった。フィリッポスは前三四三年、ペルシアのアルタクセルクセス三世と巧みに平和友好条約を取り結び、マケドニアは小アジアへ、ペルシアはギリシア本土へ、お互いにいっさい手出しをしないという、相互不干渉の条項を取り決めることに成功した。ギリシア諸国との決戦をいずれは不可避とみたフィリッポスにとって、これが、ギリシアとペルシアとの提携、反マケドニア連合戦線の実現を未然に阻止する、有効な先手だったことは、むろんいうまでもない。

### ❖学問と政治の谷間で

しかしフィリッポスにとって、条約はこのばあいも政略の侍女でしかない。友好条約でもってペルシアの策動を封じる一方、フィリッポス自身の方は、ひそかに例のヘルメイアスとの間に軍事同盟の密約を結ぶ。けれどもこの秘密協定は、西部属州のあいつぐ反乱騒ぎに折から神経を尖《とが》らせていた、ペルシア中央政府の探知するところとなり、ヘルメイアスはやがて捕えられ、処刑されてしまう。当時ペルシアとの連繋工作に奔走していたデモステネスは、このヘルメイアス逮捕の知らせに有頂天になる。「大王はこれで、フィリッポスの危険な活動を洗いざらい、それもわれわれの非難をつうじてではなく、まさに陰謀にかかわり合い、その実現に協力した当の本人の口から、じかに聴取されることになるはずだ」(『フィリッポス弾劾論』第三)と。もしそうなれば、反マケドニア連合戦線の成立もまた、期して待つべきかもしれないのだ——。

しかし、ヘルメイアスは苛酷な拷問を受けながら、フィリッポスとの密約については、ついに最後まで口を割らずに死んだ。「私の友人や仲間たちに伝えてもらいたい。私は哲学を愛するものに不似合なこと、日ごろの主義を曲げるようなことは何ひとつしなかったと」。これがかれの最後の言葉だったという。

アリストテレスが招きに応じてマケドニアの王都ペラに赴くことになったのは、ちょうどフィリッポスとヘルメイアスとのこうした秘密協定が成立した前後のことだったらしい。かれが、王と義父ヘルメイアスとの間の、この重大な同盟交渉のことをまったく知らなかったとは考え難い。むしろアリストテレスこそは、ヘルメイアスとの諒解のもとに、政治的な使命をも帯びてペラに赴任したのではなかったか。アレクサンドロスとアリストテレスと、この両者の運命的な出会いには、こうしたなまなましい現実政治のからくりが背後に働いていたようにみえるのだ。

ヘルメイアスが遠くペルシアの首都スサで磔刑に処せられたことを伝え聞いたアリストテレスと甥のカッリステネスは、かれの、道義に殉じた高潔な死をいたんで、ともにヘルメイアスの徳《アレテ》をたたえる詩文を撰したという。この事件は、ふたりに強い印象を刻みつけた。ペルシア人への消し難い敵意と、志操に殉ずる哲学者の高潔な生き方への讃美とが、このふたりにどのような影響を与えたか、それはまた、のちにも触れることがあるだろう（一六九頁以下参照）。

## ❖ミエザの学問所で

ペラは、アレクサンドロスの学問所としてはまったく不適当だった。宮廷にはいたるところに政治の暗躍があり、誘惑の種があり、何よりも母オリュンピアスのさす影が強すぎた。都の西南、ベルミオン山脈の山すそに静かなミエザの神祠がある。付近は羊や牛が放し飼いにされた、なだらかに連なる丘陵地で、豊かな果樹の実りと咲き乱れる野バラが、そのあたり一帯に古くから「ミダス王の園」という神話的な名を与えてきた。アレクサンドロスがアリストテレスとともに、続く三年間を過ごしたのは、こうした牧歌的な土地だった。

やがてかれの無二の親友となるヘファイスティオン、のちにエジプト王となるプトレマイオス、それに将軍パルメニオンの息子フィロタスや同じく将軍アンティパトロスの息子カサンドロスなど、こういった同じ年頃の貴族の少年たちも、おそらくこのミエザに起居をともにしたはずで、石のベンチに腰かけたり、樹陰の道を歩いたりしながら、アリストテレスをはじめ、カッリステネス、テオフラストスなどの講義を聴いたことだろう。授業はおそらくアカデメイア流のふつうの教科目について行われたはずだが、アレクサンドロスをはじめ一〇代なかばの育ち盛りの生徒たちが、幾何学とか形而上学とかいった抽象的な勉強に、果たして退屈しなかったものだろうか。

それよりも少年たちの知的好奇心と興味をそそったのは、そのころアリストテレス自身も熱心に進めていたはずの、自然研究の分りやすい解説や動植物の観察収集などではなかっただろうか。アレクサンドロスが後年、医術や畜産のことに深い関心を持ったのも、その現れだった。かれが医術の理論だけでなく、その実際についても学んだらしいことは、東征の間に、病気になった友人のために、みずから処方や治療上の注意をこまごまと書き与えていることにもうかがえる。

「青年は十分年齢《とし》がいっていないために、楽しみでもって甘味がつけられていないことには、自分から進んでそれに耐えるということができない」（アリストテレス『政治学』）などと、アリストテレスが語るのを聞くとき、そこには、たとえばミエザの学園で育ち盛りの少年たちに哲学や政治理論を教えてうまくいかなかった実際の体験が、そこはかとなく感じられはしないだろうか。

たしかにアリストテレスも、おそらくは後年アレクサンドロスの需《もと》めによって、「王権論」とか「植民論」といった政治論策を書きはしたが、かれ自身の政治学説がアレクサンドロスに直接、何らかの影響を与えたと思われる跡は、ほとんど見られないといってよい。現代のある古代史家は、このふたりの出会いについて、こう結論する。「アリストテレスはついに、これといって政治上、哲学上のはっきりした影響を、アレクサンドロスに及ぼすことができなかった。天才と天才とのこの出会いは、むろんこまかな部分は別として、深い意義も成果も持たないままに終わった。ふたりがそれぞれに成しとげた偉大な創造は、いうに足るほどの相互間の影響もなくて、それぞれの心のなかに独自に育《はぐ》くまれ、成長し、達成されたのであった」(V・エーレンベルク)と。

# 黒い渦

## ❖カイロネイアの会戦

前三四〇年、フィリッポスはこの年一六歳になっていたアレクサンドロスを、ペラの宮廷に呼びかえす。そろそろ国事を分担させて、政治や軍事の実際についても習熟させるためだったのであろう。ギリシアとの関係は、そのころ、またしても緊迫していた。とりわけアテナイとの間は、前三四六年以来、何とか平和が続いてきたものの、この年フィリッポスがまた、ヘレスポントス海峡からビュザンティオンにかけて新作戦を始めたことがきっかけとなって、ふたたび戦争になった。アレクサンドロスは摂政として、後見役の将軍アンティパトロスとともに、本国の留守を守ったが、一度だけ奥地のトラキア人に軍を向け、前進基地をつくって引き揚げた。かれはそこに「アレクサンドロポリス」という名前をつけて、初陣の記念としたが、これには二年前、父親が同じことをやったのに張り合うつもりがあったのかもしれない。アレクサンドロスの発想や行動を見るとき、この、何かと張り合うという心理は、これからも大きな意味を持つことになるだろう。

　ギリシアとの対立は、もう最後の大詰めに向かって、その速度とけわしさを増していた。アテナイとテバイとの分断を狙うフィリッポスの虚々実々の政略戦略と、両国の連合迎撃の体制にギリシア防衛の最後の希望を託すデモステネスの努力と。カイロネイアの会戦（前三三八年八月初）は、このふたりの舞台まわしによっておこった。一八歳のアレクサンドロスはこのとき、攻勢をかける騎兵部隊全部の指揮を任されて、戦列の左翼に配置された。戦場で王が占める位置は、このときまで決戦戦力である歩兵部隊の総指揮官として、右翼の中央、というのがマケドニアの慣例で、このカイロネイアでのフィリッポスの位置もそうだった。

　しかしアレクサンドロスは、おそらくこの戦いの戦訓に学んで、これ以後、部隊の戦闘配置に思いきった革新を行うことになる。この戦いで、かれが率いる騎兵部隊の最初の果敢な攻撃効果は、ほとんど決定的だった。かれはやがて、騎兵と歩兵の配置を逆にし、そうすることで、右翼に集中された騎兵の攻撃兵力が、同時に決戦戦力の位置に引き上げられることになる。左翼にまわった歩兵部隊が、敵の攻勢の重圧を支え、押し返している間に、右翼の騎兵主力を率いて敵の中枢部に突入するのは、そのさいむろんアレクサンドロス自身なのだった。私たちはいずれ、その具体的な実例をイッソスに、またガウガメラに見ることになるだろう。

それはともかく、カイロネイアはやはり運命的な一戦だった。ギリシア連合軍の側も、この時ばかりはいい加減な戦い方をしたわけではない。アテナイ人だけで戦死者一〇〇〇、捕虜二〇〇〇をかぞえたという。けれども惨澹《さんたん》たる敗北だった。「ここに斃《たお》れた人々の肉体とともに、他のすべてのギリシア人の自由もまた葬り去られたのだ」（リュクルゴス『レオクラテス弾劾』）。たしかにカイロネイアはギリシアの自由の、そして自治の葬送だった。

### ❖コリントス同盟

しかしアテナイでは敗北後も、将軍たちの作戦責任がきびしく追及される一方で、奴隷や在留外人までも武装させ、神聖とされた墓石まで防壁構築に利用して、あくまで徹底抗戦を叫ぶ声が強かった。われわれにはまだ無傷の艦隊がある。海上からの補給が続くかぎり、アテナイはまだ敗けてはいないのだ、と。フィリッポスは、こうした相手方の動きに対して、むしろ名を捨てて実を取るのが得策ではないかと考える。マケドニア軍の威力については、テバイのすさまじい破壊ぶりを見て、先方も十分思い知っているはずだ。ここでアテナイに対しては、話し合いによる和解の手をさしのべるのが、勝者のゆとりというものだろう。それに、無理押しすれば抵抗は長びき、つぎの計画にまで思わぬ日程の狂いを生じないものでもない――。かれのこうした見通しのなかに、つぎの計画へのアテナイの協力とりつけの必要が見込まれていたことは、むろんいうまでもない。

フィリッポスは、アテナイ側の戦死者の遺骨を送り届ける役目の使節に命じて、直接講和交渉にはいらせることにした。正使はアンティパトロスとアレクサンドロスほか一名である。この「ギリシアの学苑」をはじめて公式訪問した若いアレクサンドロスの感動は、きっと戦勝の感激にもおとらぬものがあったにちがいない。

フィリッポスが提示した講和条件は、大方の予想をこえて寛大なものだった。アテナイはその海上同盟を解散し、ヘレスポントス海峡地域の主権を放棄すること、そしてマケドニアの誠実な同盟国となること、を求められた程度にとどまる。一方捕虜となった市民は、身代金なしで釈放されることになったが、これは当時の戦さの慣例からすれば、例のない恩典といってよかった。こうした待遇は、保障占領を受け、戦争犯罪者の処刑追放があいつぐなど、苛酷な戦後処理に甘んじなくてはならなかったテバイのばあいとは雲泥の開きであることを、人々に強く印象づけたことだろう。フィリッポスは、テバイがいったんはマケドニアと同盟を結びながら、最後のどたん場になってこれを裏切る行動に出た、その不誠実を許さなかったのである。

フィリッポスにとっても、戦後ギリシア世界をどう再編成するかという問題は、かれが構想するつぎの計画とも深いかかわりを持つ重要な政治課題だった。何よりも安定と統合をつくりあげることが急務だった。第一に、テバイは別として、他の国々には、つとめて征服者、覇者といった威圧的な印象を与えないように、できるだけ友好穏健の政策でゆくこと。かたくなにマケドニアの覇権を認めようとしない辺境のスパルタは、この政策の線で、さしあたり黙殺された。第二は、こうしてギリシア諸国がいちおう落ち着いたところで、フィリッポスが音頭をとって新しい同盟体制をまとめあげることだ。これについては、前にも述べたようにイソクラテスの提言も出されてはいたが（二〇頁参照）、ここで新たに誕生する同盟——いわゆる「コリントス同盟」には、ギリシア世界の平和維持機構であると同時にマケドニアとの軍事同盟、マケドニアに対する軍事協力機構でもあるという、二重の役割が期待されることになる。東征は、このギリシア世界の安定と協力が十分確保される体制がととのったあかつきに、開始されることになるだろう。そのための布石は、すでにフィリッポスの手で着実に進められつつあった。

## ❖宮廷ぐるみの王妃離縁工作

ペロポネソス半島の西北部エリスのオリュンピアには、今日樹深いゼウスの神域《アルティス》の入口近くに「フィリッペイオン」の名で知られる円形の小遺跡が残っている。紀元二世紀の旅行家パウサニアスの記述によると、ここにはもと、フィリッポス二世をはじめアレクサンドロス、妃のオリュンピアスなど、マケドニア王家の人々の黄金象牙像が名匠レオカレスの手で造られ、安置されていたのだという。フィリッポスがギリシア制覇を記念して建立させた戦勝記念堂だったのかもしれない。かれはアテナイとの関係調整にいちおうの決着をつけると、その後秋口から翌年初めにかけて、政情視察のために軍を率いてペロポネソス諸国を巡遊している。オリュンピアでの小円堂の建立は、この巡歴の途中に思いつかれたと考えても、さほどに不自然ではない。

今私がこの記念堂のことを問題にするのは、実は政治向きの話のためではない。少なくともこの時期、前三三八年秋冬のころまではまだ、フィリッポスの家庭に、とかくの破綻は訪れていなかった、——オリュンピアスの王妃としての地位には、大きな変化はなかったらしいことを、この記念堂の家族像が暗示しているように思われるからだ。というのは、いったいどういうことなのだろうか。フィリッポスとオリュンピアスとの間柄がこの数年、というより、実はずっと以前から、あまり好ましい状態でないことは、もはや誰でもが知っている。フィリッポスが不在がちなのが、ふたりの間をいっそう疎遠にしたともいえるし、そのことがかえって、決定的な破綻をさきへ引きのばしてきたといえなくもない。

果たして、ギリシアから凱旋してきたかれは、間もなく（前三三七年春）この「嫉妬深くて怒りっぽい」妻（プルタルコス『アレクサンドロス伝』）を離縁して、かわりに将軍アッタロスの姪《めい》にあたる若いエウリュディケ（結婚後はクレオパトラと改名）を王妃に立てた。姦通を犯したというのが、オリュンピアス離婚の表向きの理由だったが、狙いはもっとほかにあったらしい。アッタロスという男は将軍パルメニオンの娘を妻として、宮廷内でもこの舅《しゅうと》とともに最有力の大貴族のひとりだった。もともと王妃のオリュンピアスに対しては、貴族の一部それも有力な門閥貴族の間に、根強い反感があった。その理由のひとつは、彼女が辺境エペイロスの出身、つまり王族といっても未開野蛮な他国者《よそもの》ではないか、という点にあった。その上、滅法気《き》位《ぐらい》が高く、政治向きのことにも口出しの大好きな女性である。大貴族たちが日ごろいかに敬遠と敵意のこもったまなざしで彼女を見ていたか、想像はさほど困難ではない。

生粋のマケドニア女性を王妃に立てるように、というフィリッポスへの働きかけは、こうした側近の思惑もからんで、数年も前から続けられていたらしい。しかし貴族たちの狙いには、もうひとつ別の、もっと重要なポイントがあった。それは、いつの間にか威圧感をさえ与えるほどに成長した王子アレクサンドロスの存在である。カイロネイア会戦での水際立った指揮ぶりは、兵士たちの間にもアレクサンドロスの人気声望をひときわ高めていた。プルタルコスは、兵士たちがかれの方に「王」の敬称をたてまつって、フィリッポスの方をかえって「将軍」と呼んだと伝え、それがまたフィリッポスにとっては、父親として誇らしい喜びの種でもあった、という話を伝えている。フィリッポスとして、このすぐれた息子に将来を期待するところが大きかったことは、まずたしかなこととしてよいだろう。

しかし一部の大貴族たちは、ひそかにアレクサンドロスに将来の脅威を感じていた。かれらはフィリッポスという人物には、自分たちと同種同質のものを感じて、そうだから安心した気分でかれの支配のまわりにたむろしていられるのだ、と思う。かれはわれわれ貴族仲間のすぐれた代表者なのだ。ところが若い王子アレクサンドロスとなると、違う。世代とか肌合いとかの違いという以上に、何か自分たちの理解の枠を超えるものがある——。自分たちとは根本的なところであい容れ難い別の「世界」が、かれのなかに直感されるのだ。そして、この一種無気味な直感は、おそらく他の誰にもまして、まず父親のフィリッポス自身のものだったにちがいない。

マケドニアの王権はフィリッポスが強化したとはいっても、それも実際には土着大貴族たちの支援協力あってのことだった。王位継承の問題がおこるたびごとに、お家騒動が絶えないこのマケドニア王国で、アレクサンドロスははじめて名実ともに、ほとんど独走の本命といえたが、オリュンピアス-アレクサンドロスに対する門閥貴族たちの反感は、それだけでも十分、効果的な阻止要因となりえたのである。

## ❖「庶子」アレクサンドロスの立場

フィリッポスとエウリュディケとの結婚が実現すると、今や王の舅《しゅうと》の地位に成り上がったアッタロスは、列席の人々に向かって意気揚々と、一日も早く「正嫡の世嗣ぎ」が生まれるように、祝盃を挙げる。これはむろん、アレクサンドロスがもはや庶出でしかないことをにおわす挑発的な発言だった。むしろかれは、それを母親に対する許し難い侮辱として受けとったかもしれない。激昂したかれは、盃をアッタロスめがけて投げつけ、語気鋭くこれに応酬し、父と激しく争論したあげく、母親を伴ってエペイロスへ出奔することになった。

東征を目前にひかえたこの重大な時期に、フィリッポスはなぜ家庭に波瀾をまきおこすようなことをあえてしたのか。この結婚が結果的にアレクサンドロスと深刻な疎隔を生じ、遠征の計画そのものにまで大きな支障をきたすであろうことは、誰の眼にも明らかだった。いったいフィリッポスは、あるいは有力な側近貴族たちは、遠征の計画を、また将来の王位継承の問題を、どう考えていたのだろうか。こうした問題の織りなす糸が、実はやがておこるフィリッポスの暗殺事件とも、おそらく不可分のかかわりをもって結びつき、絡まりあっているはずなのだが、肝腎のところは、今となってはもはや想像の域を多く出ない。

「嫡出の世嗣ぎ」がかりに新しくできても、王位継承のことが現実の問題になるのは、むろんずっとのちのことだろう。アレクサンドロスはその時期まで、いわば「期限つきの王太子」として、そのかぎりにおいて必要な存在というわけだ。しかしそのことよりも、当面さし迫った東征には（その予定計画がたとえ小アジアの征服程度に限られたものだったとしても）、どのみちアレクサンドロスの協力がなくてはかなうまい。王家の賓客として、父と子に共通の、古くからの友人だった、デマラトスというギリシア人の有力者が、ふたりの間をとりなして、アレクサンドロスを国に連れもどしたのは、きっと大事の決行を前に、今は仲たがいなどしているときではない、という説得だったのだろう。

おそらく大貴族たちがもくろんでいたのは、アレクサンドロスのすぐれた能力を、さしあたり東征の遂行のために利用すること、そして「嫡出」の世嗣ぎが一人前に成長する時期まで、できるだけうまくあやしつけながらかれを利用し、その動静にはつねづね監視を怠らないこと、といったところではなかっただろうか。それからさきはどうなる。いや、それからさきのことよりも、すでに今の時点でアレクサンドロスの地位の不安定を強く、深刻に懸念するものがいた。王妃の地位を失ってから、里方のエペイロスに帰っていた、母のオリュンピアスである。

## ❖フィリッポス二世の暗殺

オリュンピアスはエペイロスに帰ってからも、フィリッポスから受けた耐え難い屈辱に、身うちが熱してくる思いである。彼女は日ごと、仕返しの執念を奔放な空想に託し、またかなわぬとは知りながらも、何らかの報復の処置を弟の王にせがんでやまなかった。一方フィリッポスにとっては、エペイロスとの友好維持は、ことに今のばあい、国策の上からゆるがせにはで

フィリッポス二世（前382？～336）

きない。かれは先手を打って、娘のクレオパトラとエペイロス王との縁談をいちはやくととのえ、オリュンピアスの離縁によって懸念される両国の関係悪化の埋め合わせに努力する。それは巧みな外交操作だった。オリュンピアスの方はまたしても煮え湯をのまされる。彼女は頼みとした弟のもとにさえ、今は味方を失い、孤独な、暗い復讐の情念をただ内攻させるほかはなかったのである。

　エペイロス王とクレオパトラとの結婚式がマケドニアの旧都アイガイで華やかに行われたのは、前三三六年も初夏のことだった。各国の使節をはじめ、多数の賓客を招いての贅を尽くした祝宴や祝賀競技の催しは、この結婚の祝典が実は、ギリシア世界の覇者となったフィリッポスの隆々たる勢威を誇示する、国家的な宣伝の場であることを示していた。劇場での競演は、数々の催しのなかでも呼び物のひとつだった。早朝から始まる上演に先立って、つめかけた観客はひさびさに、ゆったりとした十二神像の正式のお練《ね》りを見て楽しむが、なかで人目を驚かせたのは、その第一三番目に登場の、神になぞらえたフィリッポス自身の像だった。この大胆な試みには、当時ギリシア人たちの間にひろまりつつあった支配者崇拝の考え方を先取りして、観客の反応を見ようとする、フィリッポスらしい計算が働いていたのかもしれない。

続いてフィリッポスが、アレクサンドロスと新郎のエペイロス王とだけを伴って入場する。いつも王の身辺にある護衛兵は、フィリッポスが群衆に寄せる信頼の情を、文字通り「手放し」で示そうとする、かれ自身の発意で今日はいっさい斥けられた。だが劇場の入口には、護衛兵がまだひとりだけ、退出命令をおかして居残っているのに、誰も気がつかない。王の一行が近づき、通りすぎようとする一瞬、かれはやにわに駆け寄ると、隠し持った短剣でフィリッポスの胸元を刺す。フィリッポスは身をかわすひまもなかった。凍りついたような一瞬間の機先を制して、犯人は逃走の機会をつかんだが、ほどなく追手に追いつかれ、その場で殺されたという。犯人はパウサニアスという若いマケドニア貴族だった。

ところで、かれはなぜ大逆におよんだのだろうか。パウサニアスの犯行の動機については、古くから諸説錯綜《さくそう》するが、同時代人の唯一の証言ともいえるアリストテレスは、これをまったくの私怨に出た行為だと伝える。将軍アッタロスの悪意から、かれの召使たちの男色の慰みものにされ、貴族の名誉を汚されたパウサニアスが、かれの処罰を王に訴え出たところ、王は今や妃の伯父、自分の舅筋《しうと》にもあたるアッタロスの門閥の力を憚《はばか》って、かれの訴えをとり上げようとしない。そこでパウサニアスは逆恨《さか》みして王の暗殺におよんだ、というのだ。それにしても解《げ》せない話の筋だが、ここで事件に関連してすぐ思い出されることがある。フィリッポスが暗殺されたとき、アッタロスはちょうど小アジア西北部に出征中だったが、アレクサンドロスは即位するとすぐ、現地に密使を派遣して、かれを暗殺させているのだ。この男が、母親のためにも、ましてかれ自身のためにも、アレクサンドロスにとって不倶戴天《ふぐたいてん》の仇敵だったことは、改めていうまでもない。

ここで、ひとつの推論として考えられるのは、このアッタロスとフィリッポス暗殺の犯人との、男色をめぐる隠微なかかわりなど、実際にはもともと王暗殺の動機とは何の関係もないことだったのではないか、ということだ。本来まったく無関係なふたつの事件を、ある意図のもとにひとつの筋に仕立てあげる——、つまり暗殺犯人を何らかのかたちでアッタロスに結びつける作為がなされたのではなかろうか。犯人をアッタロスに結びつけた意図は、王暗殺の動機を生んだのが、元をただせばアッタロスだった、という理由づけを虚構することにもあったかもしれないが、それよりもたぶん、犯人パウサニアスを蔭《かげ》であやつった本当の黒幕を隠すための隠れみのだったのかもしれない。

## ❖「重要参考人」オリュンピアス

フィリッポスの暗殺については、その時期の点から、またそれによって、結果的に誰が有利になるか、という点からみて、事件発生の当時から、ひそかにある噂がひろく取り沙汰されていたらしい。犯人某の背後にオリュンピアスとアレクサンドロスがいるのではないか、というのである。そしてそれは、臆測としてはたしかにもっともな線だった、アレクサンドロスが即位してから、いわば政府筋の公式見解というかたちで、暗殺は、フィリッポスの東征計画を阻止しようとする、ペルシア側の国際的陰謀だ、ということになった。当局者としては、一般に流布している「不快な」疑惑を、何とか吹き払おうと懸命だったにちがいない。しかしその筋の発表を、人々はほとんど信じなかった。

オリュンピアス（前375？～316）

パウサニアスを手先としてあやつった黒幕は、ではいったい誰だったのか。プルタルコスをはじめいくつかの伝承史料からも、そうした黒幕の存在は十分推理されるのだが、決定的な立証はもはや困難で、今日から見ればいずれも「証拠不十分」というほかはない。ただ私には、疑惑の中心人物は、誰よりもオリュンピアスだったと思われる。彼女は王妃の座を追われただけではない。母国のエペイロスが弟王の政略結婚で、マケドニアとの友好関係をいっそう緊密にした現在、彼女の身柄を、また感情を、それにふさわしい扱いで迎え容れてくれるところは、もはやどこにもなかった。頼みとする息子の王位継承権が、あいまいで不安定なものになったことも否定できない。たまたまパウサニアスは、オレスティスという地方出の貴族だった。この地方は、ごく最近マケドニア王国に併合された西部山地の豪族領で、以前はエペイロス王国の方に臣従したこともあったらしい。オリュンピアスにとっては、かれはこの意味でもっとも働きかけやすい土地柄の人間だったにちがいない。

　事件後マケドニアに帰国したオリュンピアスは、さらされた犯人の首にひそかに黄金冠を置いたり、その亡き跡を手厚く葬ったり、といった、とかく人目を惹く行動に出たという。彼女のこうした大胆な、自己顕示的とも思える行動には、たとえば雛を狙う蛇の関心を、何とか自分の方に惹きつけようとして、ことさらに大仰な身振り羽振りをしてみせる親鳥のすがたを思わせるものがありはしないだろうか。ではアレクサンドロス自身はどうだったのか。パウサニアスとの関係で、母親の企てにかれがまったく何のかかわりもなかった、とはいいきれないかもしれない。が、かれの黒白についてはもはや臆測の域以上には出ないのである。

# ヘレスポントスのかなた

## ❖アレクサンドロスの即位

フィリッポス暗殺の衝撃と混乱がひとまず落ち着くと、機を見るに敏な、元老格のアンティパトロスは、一日もはやく伝統的なマケドニア兵員会を召集し、アレクサンドロスが正式に新王として承認されることを提案した。アレクサンドロスの若さを愛し、父親まさりの軍事的才能もすでに実戦で拝見ずみだった将兵たちが、歓呼してかれを迎えたことは想像に難くない。

しかし、続く数か月の間、王家、宮廷の内部では、父王暗殺に対する報復とも、偽装工作ともつかぬ、陰惨な血の粛清があいついだ。アレクサンドロスにとって、ゆくゆく危険な敵、競争者と見なされたいく人かの王族や門閥貴族たちは、事実の有無にかかわりなく、共犯者の名で捕えられ、処刑された。それは、アレクサンドロスの酷薄と猜疑《さいぎ》心を物語るだけでなく、フィリッポス譜代の大貴族たちに心理的威圧を加えることをも狙った手段でもあったろう。

一方フィリッポスの新しい妃エウリュディケにも、おそろしい復讐が待ちうけていた。彼女はちょうど、幸運にめぐまれて、祝福された世嗣ぎの男児を出産したばかりのところだった。しかし夫王の死とともに、この大きな幸運も、彼女にとっては一転して、それだけ増幅された不運となった。女のことは女に、というのであろうか。アレクサンドロスがエウリュディケの身柄をオリュンピアスに引き渡すと、彼女はまず、みずから赤子をその母親の腕のなかで絞め殺したうえ、絶望し、狂乱したその母がみずから縊《くび》れ死ぬさまを冷然と見守ったのであった。

アンティパトロスを味方にえて王国を制したアレクサンドロスにとって、残る課題は、小アジアの一角に出兵中の軍隊を掌握することだった。有力なこの出先軍の動静は、本国の政治情勢にも直接大きな影響をおよぼさずにはいないだろう。軍を率いるパルメニオンとアッタロスとは、ともにフィリッポスに重用された老練な将軍で、兵士たちの信頼もことに厚い指揮官だった。アッタロスの立場はもはや明らかだったとすれば、事態の鍵をにぎるのは、むしろ主将格のパルメニオンの方だったにちがいない。何ごとにも慎重一途《いちず》のかれにとって、すでに本国で王権と人民の支持とを確保したアレクサンドロスに、今さら楯つくことの危険は、あまりに大きすぎると思われた。それに、友人のアンティパトロス——、かれもすでにアレクサンドロスへの忠誠を明らかにしたというではないか……。やがてひそかにパルメニオンのもとを訪れた王の密使が、アッタロスの暗殺に難なく成功したのは、おそらくパルメニオンの暗黙の諒解があったためだろうが、そのアッタロスの方も、実はかれにとっては、娘の夫というごく親しい縁続きの間柄なのだった。アレクサンドロスに反逆して、一族郎党で軍を率いて決起するか、あるいは縁者を裏切っても王命に協力するか。この選択を前にして、パルメニオンは私情を捨てたのである。

## ❖「パルメニオン体制」

パルメニオンが軍の最長老としてアレクサンドロス支持に踏みきったことは、本国におけるアンティパトロスの忠誠表明とあわせて、アレクサンドロスの王権の安定にほとんど決定的な重みを持つことになった。しかしそれだけに、この功績に対する政治的代償の方もまた、決していたずらな軽いものではなかった。二年後、東征の軍が出発するときまでに、パルメニオンの一族やかれの友人たちが抜擢《ばってき》されて、そろってトップ・クラスの軍職を占めたことは、いちじるしく衆目を惹くものがあったろう。東征軍戦闘部隊の指揮官人事も、かなりの程度までパルメニオンの人事として進めることが許されたようにみえる。もともとフィリッポス二世とともに、マケドニア国民軍育ての親ともいえたかれの、軍内部での威信は、こうして政治的にもいちだんと強化されることになった。アレクサンドロスとしては、この「パルメニオン体制」と名づけてもよい、門閥的な軍掌握の仕組みの上に立って、これをうまく有利に操縦し、作戦してゆかなくてはならないのだ。しかしそのかれも、いつかは、このパルメニオン体制をつき崩して、配下の全軍を機構的にも完全にわがものとしないではすまなくなるだろう。アレクサンドロスにとっては、それはやがて避け難い課題となるはずだ。そして、軍を新しい「アレクサンドロス体制」のもとに再編成するという、そのことが、そのままかれ自身の帝国をつくり上げようとする努力とも、不可分に結びつくことになるだろう。しかし、それは当面、もっとさきの話になる。さしあたっては、軍事、行政に実力を持つフィリッポス譜代の将軍たちと協調してゆくことが、かれにとっては何よりも肝腎なのだった。

### ❖バルカンの不穏な情勢

ところで、フィリッポス暗殺のニューズは、時を移さず各地に、反マケドニア蜂起の引き金を引かせる、格好のきっかけとなった。ギリシアでは、民衆がマケドニア駐留軍を町から追い出したり、アレクサンドロスがコリントス同盟の盟主の地位を引き継ぐことを拒否したりする、有力国《ポリス》があいついだ。誕生したばかりのコリントス同盟は、騒然とした空気のなかで、もはや自然解体の危険なきざしをみせはじめていた。

こうした敵意と反抗の先頭をきったのは、アテナイだった。カイロネイア会戦のあと、マケドニア軍がアテナイに直接進攻するのを手控えたとき、フィリッポスに揉《も》み手で、卑屈なまで

アレクサンドロスの遠征路(1)（前336年夏～334年冬）

に仰々しい感謝決議を贈った市民は、今また公然とかれの死を歓迎し、暗殺者に名誉の黄金冠を贈るべしという、民会決議を採択して憚《はばか》らないのだった。

　アレクサンドロスはただちに精鋭部隊を率いて南下し、まず反抗拠点のテバイ、さらにアテナイに対して、自分の盟主権を承認する意思があるかどうか、を単刀直入に問う。かれの出現の意外な速さに虚をつかれた両国の市民たちは、一も二もなく、すべての条件を容れて屈服するほかはなかった。コリントスに同盟会議を再召集したアレクサンドロスは、ここで改めて、正式に盟主として、「全権委任の将軍《ストラテゴス・アウトクラトル》」に選出される。フィリッポスの死によって、ひとたびは頓挫しかけたかに見えた、東征の計画は、ここから再出発することになったのである。

同じころ、マケドニアの北方でも、この好機に乗じて王国の支配から独立しようとする、トラキア系の山地部族の動きが活発だった。ギリシアの問題をいちおう解決して、帰国したアレクサンドロスは、冬の間に軍隊を整備すると、翌、前三三五年春、一万五〇〇〇の大軍をもって北に向かった。東征の間、本国とギリシアの留守をあずける予定のアンティパトロスに、その代理統治の大任を委ねるからには、少なくとも北からの不安だけは、確実に除いてやっておく必要があった。そしてそのためには、過去の経験からみて、どうしてもイストロス川（現在のドナウ川）あたりまで、思いきって深く軍を進める必要が予想されたのだ。

この北方遠征には、それと同時に、東征の本番を目前にして行われた、大規模な実戦演練という感じがなくもない。事実、私たちは、この遠征でえられた数々の戦訓や体験が、東征の過程で生かされ、活用される場面を、後年しばしば目撃することになるのである。アレクサンドロスは、あらかじめ艦隊に対しても、ビュザンティオンから黒海にはいり、イストロス川を溯って、北征軍に協力するよう命じていた。

## ❖北方遠征

アンフィポリスから北上した軍が、バルカン山系に選んだ道は、おそらく海抜二五〇〇メートルのシプカ峠越えの道だった。トラキア人たちはこの峠を封鎖し、その急斜面を落石や戦車の逆落《さか》しに利用して、マケドニア軍の進撃を阻止する戦術に出る。アレクサンドロスは歩兵の密集隊形を山道の左右に散開させて、落下物を回避させ、あるいは楯を頭上に重ね合わせ、その下に匍匐《ほふく》した兵士たちの上を、車が反跳しながら落ち下ってゆくようにさせて、「一兵も損ずることなく」これに対抗したという。

峠の防衛線が破られると、反抗の中心だったトリバッロイ族の王は、部族の非戦闘員とともにイストロス川の川中島に退いて、戦闘は自然、深い森林のなかでのゲリラ的な長期戦に移行した。この川中島の本陣攻略は、急流とけわしい断崖に阻まれて、合流した艦隊の力をもってしても不可能だったらしい。

北征軍は全体としては優勢だったとはいえ、相手を屈服に追い込む決定的な決め手がない現状では、不馴れのゲリラ戦にせよ、戦さのいたずらな長期化にせよ、アレクサンドロスの側に決して好ましい事態ではなかった。何かこのあたりで目覚ましい軍事的示威を行う必要がある。かれはイストロス川を渡河して、北岸一帯の遊牧民ゲタイ族に攻撃をかけるという作戦を思いつき、実行した。皮製の天幕に乾草を詰めてつくった、即製の浮筏《うきいかだ》や、現地民から徴発した漁《ぎょ》撈《ろう》用の丸木舟が、渡河のための手段だった。皮袋を連ねた浮筏の利用経験は、のちはるか東方、バクトリアのオクスス川を軍が渡河するさいにも応用されているが（一五八頁参照）、この方法は、もともと東方由来の技術で、今日もなおアム-ダリヤ（オクスス川）周辺の住民には、アレクサンドロス東征のころと同じように、利用されているという。

それはともかく、アレクサンドロスに随行したプトレマイオスは、このときのイストロス川渡河の動機を説明して、「未知なるものに対する抑え難い衝動《ポトス》」が、かれを向こう岸へと駆り立てたのだ、と説明する。アレクサンドロスの東征過程にも、今後しばしば発現する、かれ独自の激しい精神的衝迫であり、行動への重要な契機である。が、同時にそれがこのばあい、手詰《づま》り状態に追い込まれ、かえってじり貧の敗退にさえ結びつきかねない遠征の現状を、何とか有利に打開しようとする窮余苦肉の一策でもあったろうことは、おそらく否定し難いところだろう。

渡河作戦がうまくいって、ゲタイ族をさらに奥地へと追い払ったことは、こちら岸で頑強に抵抗しているトリバッロイ族を屈服させるという、思いがけない結果を招来した。アレクサンドロスは知らなかったが、かれらの粘り強い抵抗には、ゲタイ族の援助がその大きな支えになっていたのであった。

軍がまだ帰還の途上にあったころ、王のもとには、またしても容易ならぬ飛報が届いた。今度はイリュリア人の部族が、昔フィリッポスに敗れたことの意趣がえしに、連合して蜂起したという。イリュリア人の大蜂起といえば、マケドニアの西部国境全体が危険に陥ることを意味していた。バルカン山脈をにわかに西走して、相手の屈強な山砦に強襲をかけたアレクサンドロスは、森深い山中で、ひとたびは地勢に明るい敵の大軍に包囲されながら、地形や相手の戦闘習性などを冷静に観察し、その結果を活用して巧みに勝つ。力の勝利というよりも、頭脳の勝利であり、局地戦闘とはいえ、アレクサンドロスの特徴がすぐれて発揮された戦い方、勝ち方であった。

### ❖飛報いたる

南と北と、東征への進発を阻む問題は、これでやっと片付いたかにみえた。だが、本当にそうだったのだろうか。バルカン半島に重畳する山々のように、アレクサンドロスの前に事件はつぎつぎとおこった。そしてそのどれもが、機敏な、的確な措置を要するものばかりだった。イリュリア人をうち破ったばかりのかれに伝えられたのは、またもやギリシアの不穏だった。コリントス同盟のくびきに、二度までもつなぎとめられたはずのギリシア諸国だったが、それでも抵抗の戦意はまだ、熾火《おきび》のように燃えていたのだ。

それがにわかに白い炎をあげて燃えさかりはじめた。そのきっかけとなったのは、アレクサンドロスがイリュリア人との激戦で戦死したという、もっともらしい噂だった。テバイの民衆はマケドニア駐留軍の基地を襲って、その指揮官を殺し、解放の気勢を挙げているという。ユスティヌスの伝承によると、当時アテナイでも、デモステネスはアレクサンドロスの軍隊が北の奥地で全滅したことを、民会に意気揚々と報告し、さらに念の入ったことには、その激戦で手傷を負って、やっとのことで逃れ帰ったと称する、血まみれの男を民会議場に登壇させて、これがアレクサンドロス戦死を目撃した生き証人だと紹介した、という。むろんこの話の真偽のほどは明らかでないが、それでも市民の興奮した雰囲気なり、そうした情景なりを想像させるには十分だろう。

デモステネスはそのころ、反マケドニア蜂起を各地に組織化するのに、懸命の工作中だった。かれはペルシアからも、ひそかに巨額の資金供与を受けており、とくにテバイの同志たちには、武器、戦費の援助を惜しみなく続けていたのだった。アレクサンドロスは事態の成り行きを重視した。そして、今度こそはと鉄の決意を固めていた。

## ❖テバイ壊滅の日

それにしても、北方遠征の目的が達せられた時期だったことは、かれにとって幸運だったというほかはない。かれは本国にも立ち寄ることなく、バルカン半島を南北に貫く脊梁《せきりょう》山脈の山中を、全速力で駆け抜けて、わずか二週間足らずで、テバイの近くにすがたを現した。およそ四〇〇キロの険阻な山道を、重装備のマケドニア軍は連日、平均三〇キロという強行軍で踏破したのだった。常識では、およそ想像もつかない速さであった。テバイ市民が、はじめはこれを、にせものの、あるいは別の、アレクサンドロスにちがいないと噂しあったのも、理由のないことではなかった。

そのテバイ市民の方でも、しかし事実が明らかになると、今度こそはいっさいの和解が絶望的なことを直観し、身に迫る運命の苛酷を覚悟したようにみえる。民会は、指導者たちの決定に従って、「政治的自由のために最後まで戦いぬくことを決議した」（ディオドロス『歴史集録』）。在留外人も総動員し、奴隷たちにも、解放を約束して武器を与え、都市防衛にあたらせるという、この異例の非常措置には、もはや瓦全《がぜん》よりも玉砕を選ぶ決意さえ感じられる。事実、テバイの攻略は、もはや時間の問題でしかなかった。

市壁をめぐる激しい攻防戦のすえ、市門の守りが突破されると、抑制を失った無差別な殺戮と暴行とが、抵抗をやめた市民の上にまでおそいかかり、市内いたるところの街角には、虐殺された市民の遺体が山と積まれた。神殿に避難した老人や婦女子もまた、容赦なくひきずり出されて、あるいは殺され、あるいは際限ない暴行にさらされたという。一史料には、こうした地獄絵図のなかでも、マケドニア兵にとりすがって、見苦しく命乞いをするテバイ人のすがたが、ひとりとして見られなかったことが、一種の感動をもって記されている。

まさに、動かされぬ石とてはないほどの、徹底的な破壊だった。それも、ただ一日の出来事であった。他のギリシア諸国は、この狂暴な見せしめに慄然《りつぜん》とし、そして沈黙した。そしてそれこそが、アレクサンドロスが計算した、破壊の最大の効果なのであった。かれはさらに、この反逆国の処罰を、同盟会議の決定にゆだねる。「反逆者」を王の面前で、ギリシア人自身に裁かせる——。それは、本来ならば同じく筵《むしろ》の上に座らされるかもしれなかった「裁き手」たちに対する、皮肉な踏絵でもあったし、それだけに見せしめの効果を、いちだんと高めもしたことだろう。

ホメロスの昔からその壮麗を謳《うた》われた、七つの門の古都テバイは、こうして消滅した。三万の住民はすべて、奴隷に売られることになったが、その大半は女子供にすぎなかった。六〇〇〇の男たちはすでに戦死し、市民はもはや、多く生き残ってはいなかったと伝えられる。

## ❖アテナイ処分の政治的決着

他の国々は、この苛烈な現実を前にして、ひたすら弁明これ努め、許しを乞うのに忙しかった。アテナイでは、折から催されていたエレウシスの大祭儀までも中止して、善後策を協議したあげく、とりあえず北方遠征の成功と、テバイの反乱鎮圧とを祝う、「祝賀」の特使を王のもとにさし向けることにした。まったく見えすいた追従ぶりだったが、アレクサンドロスの方がそれとは別に、特使には目もくれず、反マケドニア蜂起煽動《せんどう》の指導者一〇人をリストアップして、その逮捕引き渡しをアテナイ側に迫ってくると、議論はさすがに沸騰《ふっとう》した。そのリストのなかに、デモステネスの名もあったことはいうまでもない。

中道保守派の政治家フォキオンは、指名された政治指導者たちは、今こそ国のこの未曽有の難局を、身をもって救うべきだ、と主張して、そのころにわかに裏にまわって、こっそりと助命歎願に奔走していた、一部の卑怯陋劣《ろうれつ》な連中を強く非難したが、市民たちは、このフォキオンの意見こそ、親マケドニア的にすぎると野次りたおして、かれを議場から追い出してしまう、といったひと幕もあった。

けれども、アレクサンドロスの方もふたたび、以前の冷静に立ち返っていた。見せしめは、テバイだけで十分の効果があったし、それも、いささかやりすぎの感がなくもない、と、かれは思いはじめている。かれは、アテナイ使節の懇願にこたえて、思いきりよく要求の大部分を撤回し、このギリシアの反乱処理に、多分に政治的な決着をつけてしまった。

ついで開かれた同盟会議は、ペルシア侵攻の具体的な計画が、はじめて正式の議題となった点で注目されよう。東征の進発は明春、つまり前三三四年の春に予定された。ギリシア諸国に割り当てられた派遣部隊も、そのときまでに、トラキア西部のアンフィポリスにすべて集結を終えることが、このときの会議で決定されたのである。

### ❖現実政治家とエゴティスト

東方遠征——それは、計画そのものとしては、フィリッポスがはじめて構想をたて、アレクサンドロスに引きつがれて実現をみた問題なのだが、この統率者の交代は、おそらく結果的に、遠征の目標自体にも、決定的な違いとなって現れたように思われる。いったいアレクサンドロスは、そしてもともとフィリッポスのばあいは、東征ということを考えるときに、どんな目標をたてていたのだろうか。

フィリッポスにとって、ペルシア領への侵攻は、どこまでも現実政治家としての冷静な検討から生まれ、戦略家としての緻密《ちみつ》な計算から策定されるべき問題だった。つまり東征は、マケドニア王国の基礎が、それによってさらに強化され、いっそう豊かになる、そのための機会、そのための方策と判断されるかぎりにおいて、着手できる問題だったのである。

こうしたマケドニア王国中心の現実政策を土台にすえるかぎり、東征の予定範囲は、おのずから野放図に、どこまでもひろがるていのものとはなりえない。征服した地域が永続的に確保支配できるという、軍事上、政治上の見通しまで、十分考慮に入れるとすれば、当初から征服計画に一定の限界が見込まれるのは、おのずと明らかだったといわなくてはなるまい。そのばあい、その戦略的限界は、おそらく最大限に見つもって、小アジア全域の征服、というあたりにおかれたのではなかろうか。とすれば、その構想は、ギリシアの政論家たちがいい古してきた、いわゆる「キリキアからシノぺまで」の線にいたる、小アジア植民地化論とも、その発想の実質規模において、さほどに違いのあるものではなかったのである。

これに反してアレクサンドロスにとっては、その意図した東征の目標は、はじめから「可能性」というかたちでしか存在しなかったようにみえる。可能性をつねに積極的な可能性として捉え、行動をつうじて、それを積極的に現実のものとしてゆくこと。その過程そのものが、かれにとっての、目標、といえばいえるものだったかもしれぬ。アレクサンドロスの「世界帝国」という。しかしそれも、かれにしてみれば、おそらく過程の一産物であったにすぎまい。可能性を信ずることは、やがて自分自身を信ずることでなくてはならない。そして、可能性が現実にひらけるのは、ただ自分自身を試みる現実の行動において、だけなのだ。

「マケドニア王国のために、何がなされなくてはならないか」――これがフィリッポスの考えの出発点にあったとするならば、アレクサンドロスのばあいは、「おのれ自身のために何がなされなくてはならないか」という発想こそが、まさしくかれの追求すべき目的を規定したのだった。かれにとっては、おそらく王国も、軍隊も、所詮《しょせん》はかれ自身の不滅の栄光を達成するための道具であり、手段であるにすぎなかっただろう。それこそが、不滅の誉れに生きようとする英雄アキレウスの心情とまったく同質のものであり、そこにアキレウスに寄せるあの熱っぽい憧憬《どうけい》が生まれたのだった。アレクサンドロスはその意味では、世にも徹底した自己中心主義者《エゴティスト》であった。それにしても何と巨大なエゴティストだったことか。

## ❖東征の準備へ

前三三五年の秋から翌年春までの半年間、アレクサンドロスは本国にあって、東征の準備に忙しかった。何よりも経費の調達が問題だった。国家経営の才にたけたフィリッポスは、パンガイオンの金鉱をはじめ、国内産業の開発や植民地の獲得によって、目覚ましい歳入増を実現したが、年々の軍事支出は、それをしも上《うわ》まわった。このことは、大規模な常備軍体制の維持が、どんなに高くつくものだったかを示すことでもあった。

いずれにせよ、五〇〇タラントもの大赤字を引きついだアレクサンドロスは、遠征準備のために、その上さらに八〇〇タラントの借金を重ねなくてはならなかったらしい。それにしても、いったいどこから、かれはこの大金を借りることができたのか。アテナイの富裕な高利貸資本家たちは、かれに冷淡だったろうし、第一、リスクの大きい、こうした賭けに乗る気など、はじめからなかったかもしれない。アレクサンドロスは多分、フィリッポス時代に裕《ゆた》かになった貴族仲間の財産に目をつけて、王領地や直轄領、港湾収入など、王家の財産を片端からかれらに売り払っては、必要な資金を工面したのではなかっただろうか。アレクサンドロスが自分の財産をあまり気前よく手放してしまうのを気づかった側近に向かって、かれは昂然《こうぜん》とこう答えたという。「自分のために何を残すつもりか、だと。——それは希望《エルピス》だけだ」。いかにもアレクサンドロス風の返事の仕方で、逸話としてもでき過ぎの感じだが、話の信憑性をあげつらうよりも、ここでは若いアレクサンドロスの気負いといったものが、ここに躍動して感じとられたら、それでよいだろう。

しかし、本国の代理統治者として留守をあずかるアンティパトロスや、副将格で遠征するパルメニオンなど、老練な将軍たちにしてみれば、若いアレクサンドロスがあとさきの見さかいもなく、国力を空《から》にして、危険な賭けに乗り出そうとしているのが、何とも不安でならない。かれらが何よりも反対し、諫説《かんせつ》してやまなかったのは、かれが世嗣ぎも残さないで東征に出発するということだ。たった一本の流れ矢が、いつ何どき、この王国を収拾のつかぬ大混乱に陥れないともかぎらないではないか——。結婚し、世嗣ぎを儲《もう》けて、王国の基礎を固めてからでも、遠征の方は決して遅くはない、という主張は、王位継承にからむ陰惨なお家騒動を、代わりごとに目撃してきた、かれら老臣にとっては、ごくあたりまえの常識論なのだった。

しかしアレクサンドロスの方は、この諫言を笑ってとり上げない。今、選ばれて、マケドニアとギリシアの精鋭を、アジアに率いようとしている人間が、どうして結婚式を挙げ、子供が生まれるのを待って、便々と日を送ってなどいられようか。自分は甲冑の似合うアキレウスでこそあれ、まかり間違っても、戦さを避けて閨《ねや》のなかでヘレネと睦言を交わしている、あのパリスごとき、女々しい人間ではないのだ——。

けれども、アレクサンドロス個人の性格、心情を離れて、この問題を考えてみるならば、かれのこの問題に対する冷淡、無関心は、裏を返すとそのまま、統治者としての無責任にも通ずるものだったといえないだろうか。ここにも、あくまで自己中心に、ただひたすらおのれ自身の目標をめざし、他のすべてを捨てて顧りみない、強烈なかれの自我《エゴ》の発現を、私たちは見ることができるのではなかろうか。

アレクサンドロスにとって、「アレクサンドロス以後」の問題、いいかえるとマケドニア王国の将来の問題は、ついに生涯、かれの真剣な考慮の対象とはならなかったのである。

# Ⅱ

# 疾風

# 結び目の謎

## ❖征服の槍とトロイアの楯と

前三三四年五月はじめの一日、アレクサンドロスはアンフィポリスに集結を終えた軍を率いて東に向かった。歩兵およそ三万二〇〇〇、騎兵五一〇〇騎。その主力となるのは、フィリッポスが生涯をかけて育成したマケドニア国民軍で、歩騎それぞれ、全体の三分の一近くを占めていた。トラキアを東へ二〇日、ヘレスポントス海峡部までくると、望まれる対岸は、すでにペルシア領である。歩騎あわせて一万あまりの先遣部隊がここでさらに合流し、また一六〇隻のギリシア艦隊も、近くのセストスの港に集合して、ペルシア侵攻の出師《すいし》準備はここに最終的に完了した。

幅五キロ足らずの海峡は、春の潮の速さで知られていた。軍船による兵員の輸送のほかに、馬匹や攻城兵器などは平底船で対岸に運ばなくてはならない。海に強いペルシア側にとって、ここで侵入を阻止することは、おそらくもっとも容易だったはずだが、反撃はおろか海峡防衛のためにさえ、何の手もうたれなかった。

しかもいっそう不思議なのは、アレクサンドロス自身の方も、そのような重大な危険があることを、ほとんど考慮に入れていなかったようにみえることだ。かれはこの海峡輸送の重要な任務を、副将のパルメニオンに一任すると、少数の友人仲間とともに南に船をまわして、トロイアの故地旧蹟を訪ねているのである。私たちの眼には呑気すぎるとも映るし、大胆不敵とも思われる。戦略的な見地からすれば、この重大な時期における最高指揮官の不在が、ペルシア側の出方ひとつで、大混乱を、むしろ潰滅状態をひきおこす原因にならなかったとは、決していいきれないのだ。

けれどもアレクサンドロスにとって、このトロイア行きは、ただの物見遊山や名所見物ではなかった。船がトロイアの浜に近づくと、かれは完全武装のままで舳先《へさき》に立ち、手にした槍を砂浜に向けて力一杯投げ、それが突き刺さった土地は、すでに自分の征服地だと宣言する。かれは征服地の標識を、みずからの手でアジアの一角に打ち込んだが、その土地はペルシアから遠くインドまで、ひと続きにつながり、ひろがっているのだ。アレクサンドロスはそのとき、かれの征服の槍が象徴した世界史的な意味を、おぼろげにでも予感したであろうか。

トロイアは、ホメロスをつうじてかれの幼少からの眷恋《けんれん》の地だったばかりではない。かれは、トロイアの地をその眼で見、その足で踏むことによって、今やアキレウスそのものになった。イリオンのアテネ神殿に詣でたかれは、そこに遺存していた、トロイア戦争時代のものと伝えられる古式の武具一領を、祭司に乞い受け、自分の着用をそのかわりに奉納したという。以後、戦闘のさいにもつねに身近かなところに捧持させたという、この聖なる武具は、かれにとって、いにしえの英雄の霊の象徴でもあったろうか。九年後、かれが遠くインダス流域で、マッロイ族との戦いに瀕死《ひんし》の重傷を負ったとき、倒れたかれの身を最後まで庇《かば》ったのは、このときのイリオンの楯であった。かれにとって東征は、トロイア戦争の武勲《いさおし》を今新たに再現することであり、アキレウスの誉れをわがものとする機会でなくてはならない。現実の戦いをおしすすめた推進力は、こうして、何よりもアレクサンドロスの激しく熱っぽいロマン的な情念なのだった。この海峡越えの重大な時期に、戦略上の考慮は、アキレウス＝アレクサンドロスの心中では、どのみち二の次、三の次の問題でしかなかったのであろう。ただそこには、東征の全軍を指揮統率するという立場において、同時に総大将アガメムノンでもあるはずのアレクサンドロスのすがたを認め難い、ということも、ここで私たちは十分注意しておかなくてはならないのだ。

### ❖緒戦の作戦

ところで、アレクサンドロス軍の侵入を迎えた出先のペルシア側としては、さしあたりどんな対応策をもってこれにのぞんだのだろうか。マケドニア軍の来攻ということは、少なくとも出先の太守《サトラペス》たちにとっては、決して寝耳に水の突発的な出来事ではなかった。大規模な衝突事件がないだけで、ペルシア側もそのころはすでに、一種の臨戦態勢にあったといってよい。

小アジア西北隅の町ゼレイアに、作戦会議を開いたペルシア軍の指揮官たちには、以前から対立するふたつの意見があった。真向から侵入軍と対決するか、それとも侵入軍の進撃路にあたる地方の穀物を、畑もろとも焼き払って、戦略的撤退をはかりつつ、相手を糧秣《りょうまつ》難からじり貧の退却に追い込むか、そのいずれをとるか、である。後者の意見は、有能をもって知られたギリシア人の傭兵隊長メムノンの主張するところだった。しかし、かれのこうした意見は、この豊かな土地に広大な封土や猟園を持つペルシア貴族たち、それにおそらく土着の耕作農民たちにも、もともと受け入れられる種類のものではなかった。しかしペルシア側が、この、おそらくはより有利で、より効果的な焦土戦術を斥けて、正面衝突の一戦を決意したことは、アレクサンドロスにしてみれば、まさに望みうる最上の戦闘条件を提供されることになったのだった。

両軍がグラニコス川をはさんで対峙したとき、その兵力差は、アレクサンドロス麾下《きか》の四万七、八〇〇〇に対して、ペルシア側およそ三万五〇〇〇と、侵入軍にかなり有利だったようにみえる。ペルシア側の辺境防衛軍はこのとき、量質ともに劣勢を免れなかった。アレクサンドロスの「正史」は、戦闘の開始について、つぎのような逸話を伝えている。副将のパルメニオンが、いったん野営して翌朝はやく攻撃に出る案を出したとき、アレクサンドロスは、「あのヘレスポントスでさえ簡単におし渡ったのに、このけちな小川ごときに邪魔だてされて一気に渡河できないのなら、それこそ私の恥ではないか」といい返して、ただちに渡河、戦闘開始を命じたというのだ。

しかし、このやりとりと即日戦闘の伝承とは、実はおそらく作為された虚構にちがいない。「正史」を注意深く読むと、パルメニオンという人物は、つねにアレクサンドロスの作戦計画に対する反対意見の勧告者として現れることに気がつく。しかもその反対意見というのは、これまたつねに退嬰《たいえい》的な、あるいは臆病な、ときに無分別な愚策で、賢明かつ積極的なアレクサンドロスは、いつもそれを斥けることによって、輝かしい成功を勝ちとることになるのである。ここには何か作為がある。では、それはいったいどんな企《たくら》みなのか。私たちは、もう少しさきまで、この問題を残しておかなくてはならない。

### ❖グラニコス河畔の会戦

グラニコス河畔での戦闘は、ともかく翌朝、夜のひき明けを待って始まった。アレクサンドロスは、右翼の全騎兵部隊を率いて先陣に立つ。兜《かぶと》に白い羽根飾りをつけたかれは、格好の攻撃目標だった。

「かれのまわりでは、激しい戦闘がおこった。その間にも歩兵の戦列は、つぎつぎと川をおし渡ったが、マケドニア軍にとって、渡河はもはや困難ではなかった。戦闘は馬上から行われたが、実際は歩兵の戦いのようであった。馬と馬、人間と人間とが、互いにぶつかり合い、激しく渡り合ったからだ。片やマケドニア人たちが、対岸の土手からペルシア人たちを、挙げて押し返して、遮二無二《しゃにむに》平地まで追い斥けようと努めれば、一方ペルシア人の方では、かれらマケドニア軍の渡河を食いとめて、川のなかへ今一度追い落とそうと懸命になったのだ」（アッリアノス『アレクサンドロス東征記』一・一五・三―五）。

このとき、アレクサンドロスとダレイオス三世の娘婿のミトリダテスとの間で戦われた一騎討ちは、東征一〇年の数ある戦闘のなかでも、もっとも華々しい場面のひとつだった。ミトリダテスの率いるペルシア騎兵隊が反撃に転じてきたとき、最初の激しい攻撃で、すでに自分の槍を折っていたアレクサンドロスは、従者から代わりを受けとるなり、敵の主将に向かって馬を馳せる。相手が投げた槍はみごとにかれの楯を貫通したが、鎖鎧までは貫くことができず、その上で辛うじて止まった。アレクサンドロスも激しく馬をとばしながら槍を放つ。勢いのついた槍先は、ミトリダテスの胸板のまん中を射当てて誤たなかった。「（アレクサンドロスの）槍がみごとに射当てられると、間近かにそれを目撃した兵士たちは、敵も味方も、そのなみなみならぬ勇猛心に、どっとばかりどよめきの声をあげた」(ディオドロス『歴史集録』一七・二〇・五)。

しかし胸板のつくりは頑丈で、アレクサンドロスが投げた槍の穂先は折れ、ミトリダテスにはまだかすり傷ひとつ負わせていない。かれはやにわに短剣を引き抜くと、馬を駆ってアレクサンドロスに迫るが、こちらは別の槍をとり直して、真向からかれを仕止める。しかしそのときはもう、別のペルシア人がアレクサンドロスの背後に、影のように駆けよりざま、偃月刀《えんげつ》をふりかざしてかれに斬りかかっていた。その危機に、一瞬早く相手の腕をなぎ払って、アレクサンドロスの生命を救ったのは、クレイトスという、王の親友のひとりだった。トロイア戦争の時分には、まだ騎馬戦闘はなかったという。が、これはまさしくホメロス的な戦闘ではないだろうか。『イーリアス』に描かれた英雄たちの戦いの雰囲気を、私たちはここに想いおこすことができるのだ。

## ❖「報復」と「解放」と

ペルシア騎兵隊の陣立てが崩れると、大勢はもはや決したも同然だった。メムノンに率いられた、二万を超すギリシア人傭兵部隊は、近くの丘陵に退いて投降を申し入れたが、アレクサンドロスはそれを認めず、かえって総攻撃をかけてこれを潰走させた。つぎに見るように、ギリシア人でありながら敵にくみした裏切者は許せぬ、という論法からなのだが、この処置がどんなにまづいやり方だったか、を、アレクサンドロスはあとで思い知らされることになるだろう。

グラニコスの戦いは、その「戦後処理」の点でも、いろいろと興味深い問題を残した。二〇〇〇人のギリシア人傭兵を捕虜としたとき、アレクサンドロスは、その連中は、「同盟の共同の取り決めに違反して、夷狄と手を結び、ギリシア人を敵として戦った」という理由で、マケドニアに送り、強制労役に服させている。一方ペルシアの甲冑三〇〇領を、かれは戦利品として、これはアテナイのアテネ神殿に奉納することにした。その寄進者をことさらに、「アレクサンドロスとギリシア人」の名義にしたのは、この東征がマケドニア主体の戦争だという、本音《ほんね》をかくして、ギリシア人自身による報復の戦いだという大義名分を、ことさらに強調する点で、政治的な宣伝効果を狙ったものだったろう。その一方で、労働力という実のある戦利品は、同盟協定への違反をたてに、抜かりなくマケドニアがとっているのである。この捕虜が同時に、ギリシアの不穏な行動を牽制する、人質でもあったことは、むろんいうまでもない。

アレクサンドロスの緒戦の勝利と、その後のやり方とは、大きな効果を現した。小アジア西部の都市は、多く抵抗をあきらめたし、「自由と民主化」をかかげるアレクサンドロスの政策が、イオニアやアイオリスなどの地方で歓迎されたのは、自然の勢いというものであった。ただ問題は、イオニア南部にあるミレトスとハリカルナッソスのふたつの拠点都市だった。ミレトスの守備隊長は、グラニコス会戦の直後、文書で町の明け渡しを申し出ていたが、有力なペルシア艦隊が町の救援にくることを知って、その態度を変え、籠城抗戦の構えを固くしていた。

## ❖ミレトスとハリカルナッソス

アレクサンドロスは大急ぎで、全艦隊をここに集結させて、敵艦隊の来航前にミレトス港を封鎖してしまう。三日だけ早い先制勝ちだった。守備隊と市民代表は、ミレトスの中立自由都市化をもとめて、何とか窮地をきり抜けようとしたが、自分の背後に敵の存在を公認するような、そんな妥協を、アレクサンドロスはむろん認めるはずもなかった。

強引にこの都市を攻略してしまうと、しかしかれはここで、自分の艦隊を思いきりよく解散してしまう。維持経費がかかりすぎる上、実際の戦力としては、量も質も劣弱ぶりが目立ったからだった。それに、戦闘の成り行き不利ともなれば、いつ何どき敵方に寝返るか、気心の知れないギリシア艦隊でもあった。「ペルシア艦隊は、陸上からでもやっつけてみせる」というのが、艦隊解散の表向きの理由だった。港という港を片端から占領して、かれらが出入できる泊地をなくしてしまえばいいではないか——。たしかにペルシア艦隊は、最終的には、大海戦の結果としてではなく、シリアやフェニキア本国の基地が征服されることによって、つまりは陸上から制圧されることになるのだ。それにしても、そこまでにいたる、以後一年あまりの間の、ペルシア艦隊の、ほとんど傍若無人ともいえる暴れまわりようはどうだろう。実際には、さすがのアレクサンドロスも、解散してわずか半年ほどのちには、ふたたび艦隊の再建を部下に命じなくてはならなかったのである。

ハリカルナッソスは、ミレトス以上に手ごわい相手だった。エーゲ海域でも第一級の商業都市、小アジアの西南端にあって、戦略的にも重要な位置を占めている。グラニコス会戦後、逃れてこの町に移った傭兵隊長のメムノンは、早くからこの町の重要性を見通して、長期間の攻囲に持ちこたえられるように、ここに二重三重の城壁をめぐらし、さらに堅固な外城まで構築していた。かれの意図は、ここをペルシア艦隊の根拠地として確保し、またできるだけ長く、ここで持ちこたえて、ペルシア側の総反攻のために時をかせぐことにあったであろう。ダレイオスもこのころになると、この外人傭兵隊長の戦略的才能を認めて、かれに小アジアの防衛と艦隊作戦の全権をゆだねるほどになっていた。

アレクサンドロスは、このハリカルナッソスではじめて、防備堅固な城砦都市にぶつかった。かれは濠《ほり》を埋め立て、はじめて攻城兵器を実戦に曳き出し、城壁を掘り崩しなどして、強引に攻めたてるが、メムノンの方が、この町の攻防戦にかけては一枚上手《うわて》だった。城壁の突破口から市内に夜襲をかけたある部隊は、内側にもう一重の防壁が待ち構えていることに気づかず、狙い撃ちにあって全滅し、アレクサンドロスも一時は休戦を申し入れるほどの苦戦ぶりだった。攻城兵器も射ち出される火箭《かせん》で炎上するありさまで、戦闘経験の浅い兵士たちのなかには、怖《お》じけづいて戦列から逃げ帰るものが続出したという。こうした攻城戦を、私たちはのちに、もっと大規模なかたちで、テュロスのばあいに見ることになるだろう（九七〜九八頁参照）。

メムノンは最後まで降伏勧告を拒んで、全市街に火を放ったあと、外城や近くの島に分散して脱出し、なおも抗戦継続の意志を明らかにした。根負けしたのはアレクサンドロスの方だった。かれは、東征の予定に遅れが出るのを気にして、焦土と化した市街地の占拠だけで、さしあたり征服完了ということにして、この攻城戦に終止符を打ったのだった。この都市の抵抗が完全に終わったのは、それからおよそ一年ものちのことである。

## ❖古都ゴルディオン

遠征が始まって、第一年目の冬が間近かに迫っていた。ハリカルナッソスが苦戦続きだったあとだけに、アレクサンドロスは、当分大作戦が見込まれないこの冬を、若い兵士たちへの贈物にしようと考える。将兵のなかには、出発当時結婚したばかりの若者もかなりあった。王はかれらに、本国での越冬賜暇を与え、同じく新婚の若い指揮官たちに引率帰国させることにした。明春帰隊のさいには、新たに補充部隊を編成同伴してくるべし、というのが、この人情味のある粋《いき》なはからいに添えられた、唯一の「軍命令」だった。

その他の大部分の部隊にとっても、この冬は休養の季節だった。パルメニオンは本隊を率いていったんサルデイスまで引き揚げ、戦火を免れたこの大都市で将兵たちに骨休めをさせる。そして翌年春までに、内陸の町ゴルディオンで全部隊がふたたび合流することになった。アレクサンドロスには、しかし休暇はない。かれはえり抜きの部隊を率いて、小アジア西南部のカリア、パンフュリアといった地方をさらに前進する。ペルシア艦隊から寄港地を奪うという、主としてあの戦略のためであった。かれは冬の間にこの沿海地帯を制圧しておいてから、内陸の合流地点へ北上するのである。

荒れはてた未開のピシディア高原を北に進んでフリュギア地方にはいると、ようやく豊かな耕地がひろがるようになる。スサからサルデイスにいたる、ペルシア帝国の有名な「王の道」も、この地方を通っていて、この街道沿いにある旧都ゴルディオンで、東征の軍は再集結する予定になっていた。ゴルディオンは古い伝説で知られた町だった。この町のアクロポリスにはゼウスの神殿があって、その近くの神域に一台の古さびた荷車が奉納されている。その頸木《くびき》はとねりこの樹皮で固く結えつけられているが、結び目は巧妙に隠されていて、これまで誰ひとりとして解けるものがなかった。それを首尾よく解くことができたものは、やがてアジアを支配する王者になる、という予言が、この「結び目」をいっそう有名なものにしていた。

複雑に入りくんでいて解きほぐすめどが見つからない、この結び目の謎は、いったい何を意味しているのだろうか。私なりの解釈だが、こんな風に考えることはできないだろうか。この謎は、おそらくは、人間の間の闘争が由来いかに複雑であり、真の意味でいかに解決し難いか、を黙示的に教えたものではなかったのだろうか。この伝説の発端は、ゴルディオンの町が、昔、内乱に苦しみ抜いていたとき、予言通りに、ある日荷車に乗った調停者が現れて、混乱をとり鎮めた、という故事に基づくという。

もし、そう解釈できるとすれば、結び目を解けるひと、とは、人間の業《ごう》ともいえる闘争を、真に解決できる途を見いだしたひと、という意味にならなくてはなるまい。つまりまともな仕方では、というよりも人間には、解けないのが当然だし、また「解けない」ということにこそ、この謎の深い意味を読みとるべきだったのではないか、と、私には思われるのだ。

ゴルディオン出発前の一日、ゼウス神殿に詣でたアレクサンドロスは、この結び目に挑戦することに、抑え難い衝動《ポトス》を感じた。人々が見守るなかで、しばらく人並みの努力をしたかれは、とうとう苛立ちのあげく、腰の短剣を引き抜いてその固い結び目を一刀両断にしてしまう。「ほどく《リユエイン》」ことはしなかったが、とにかく結び目を「解いた《リユエイン》」ことには間違いない。しかしアレクサンドロスのこのやり方は、問題そのものを解決したというよりも、まったく意表に出た方法で、問題の「裏をかいた」というべきだろう。けれども、やり方はどうであれ、側近たちがかれのこの手際のよさを、宣伝に使わないという法はなかった。折しもその夜、雷がとどろき、稲妻がはしった。それこそゼウスが、王の解決方法を嘉納したもうた証拠でなくて何であろう——。

### ❖ペルシア艦隊の大反攻

前三三三年春、アレクサンドロスがゴルディオンを進発したころ、それとほぼ時を同じくして、エーゲ海域では、ペルシア艦隊がメムノンの指揮のもとに活発な反攻作戦を開始していた。ハリカルナッソスを脱出してから近くのコス島に移っていたメムノンには、今度は優勢な艦隊があった。アレクサンドロスの艦隊が解散してしまった今、海は文字通りかれの独壇場である。キオス島やレスボス島をはじめ、エーゲ海の島々は、攻めるまでもなく、進んでかれの好意を求めてくるありさまだった。

メムノンはそのころ、スパルタやアテナイの一部でひそかに進められていた、反マケドニア蜂起計画を援助するだけでなく、もっと積極的に、みずからトラキアに逆上陸して、マケドニア本国を直接攻撃しようという計画までたてていたらしい。当時トラキア地方の治安状況が不安定だったことも、かれは十分計算に入れていたのにちがいない。かれの大戦略の眼目は、単なる後方攪乱《かくらん》といった程度のものではなく、戦争の主舞台を、アジアからマケドニアやギリシア本土へと一挙に押し返してしまおうという、野心的なものだった。

むろん、その成り行きがどうなったかは、簡単には予想もできないが、かれのこの積極作戦が成功するかどうかの、もっとも重大な時期に、肝腎のメムノンそのひとが思いがけず病死したそのことが、情勢を大きく変えたことは、間違いない。すぐれた後継者たちが、かれの地位と遺志とを引きつぎはした。ペルシア艦隊はその後、ミレトスもハリカルナッソスも奪回したし、エーゲ海の制圧は、後継者たちの活躍でむしろ頂点に達した観さえあった。しかし、問題は別のところからやってきた。

メムノンの死が、ダレイオス三世に与えた打撃は大きかった。もともと消極的なかれの方針は、それをきっかけに大きく後退してしまったらしい。メムノンが巻き返し進攻作戦のためにとっておいた、二万ものギリシア傭兵軍は全部、ダレイオスが近く企図する決戦に投入すべく、東方に急送されることになったのだ。エーゲ海にペルシア艦隊がどれほど活動しても、その脅威は、この虎の子の兵力をひき抜かれては、もはやいちじるしく薄れざるをえなかったのである。

### ❖無抵抗の「キリキア門」

アレクサンドロスの耳には、メムノンの死は届いていなかった。エーゲ海域の情勢を憂慮し

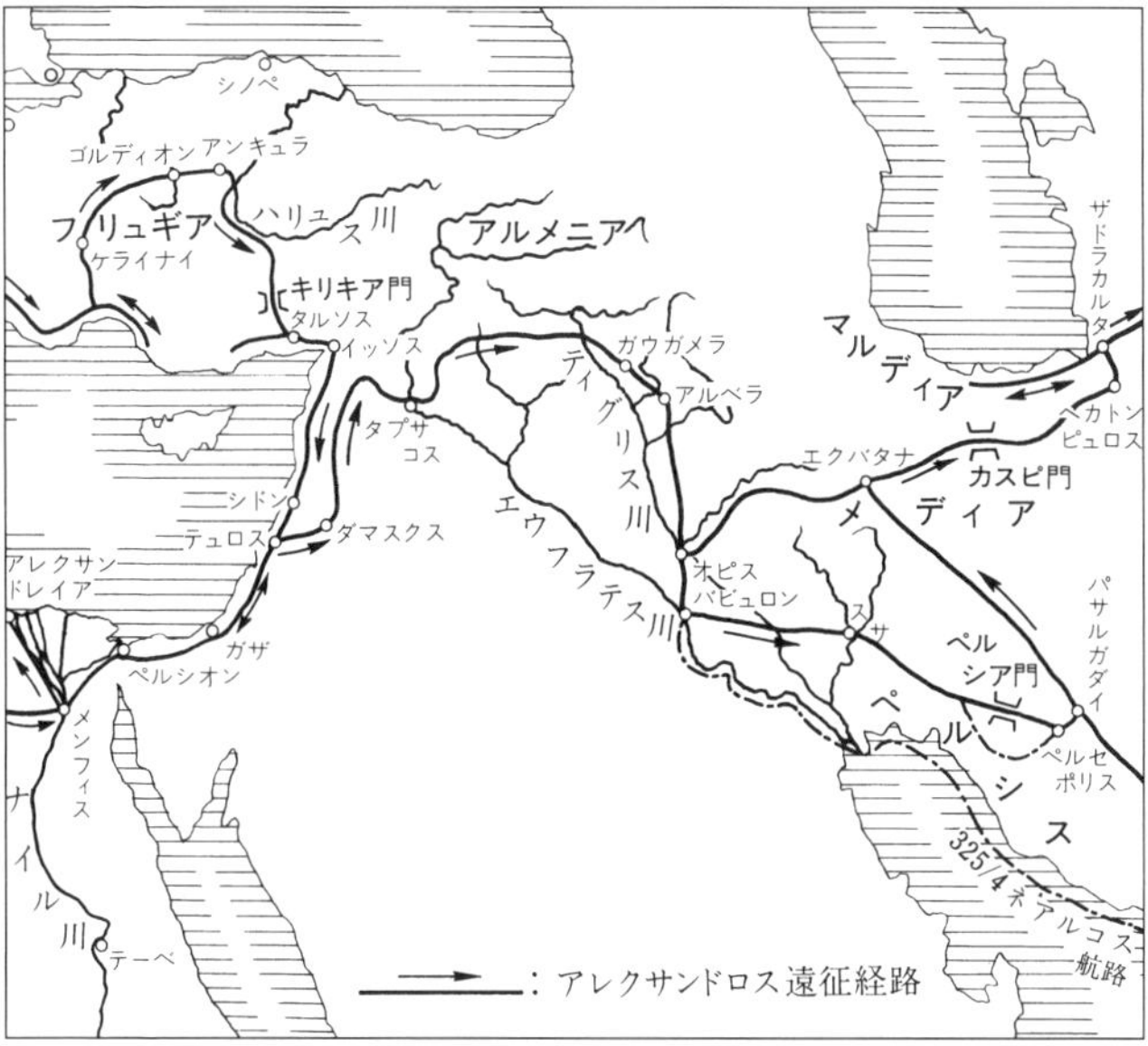


アレクサンドロスの遠征路(2)（前334年冬〜330年夏）

ながらも、かれはさきを急ぐ。アンキュラの町から東八〇キロ弱のあたりを北流するハリュス川は、フリュギアとカッパドキアとの境界だ。川の東対岸にひろがる広大なカッパドキア地方は、ペルシア帝国のなかでも、まったく名目だけの太守領《サトラペイア》にすぎず、「王の道」の安全通行以外、行政の手はほとんどはいっていなかった。アレクサンドロスにしても、さしあたっては踏み込む必要も、それだけの時間的余裕も今は、ない。

かれはハリュス川の左岸に沿って、南に軍を進める。雲におおわれたアルガイオスの高峰を、左手に遠く見ながら前進する将兵たちは、やがてはるか南の方に、壁のように連なる山脈を望むようになる。近づくにつれてしだいに威容を増す、その山なみは、アジアへの関門といわれるタウロス山脈である。

ここを越えてキリキア平地に下るには、「キリキア門」とよばれる峠道が、古くから有名だ。四人以上の横隊では通れないという、この狭い狭間《はざま》は、かつてクセノフォンが、「敵にここを阻まれたが最後、通り抜けはまず不可能だ」とまで書いた、軍事上のかなめだった。隘路《あいろ》は予想通り固く守られていた。この要害の守備に任じた、太守のアルサメスの方に、このキリキア関固守の不退転の決意がもしあったとしたら、アレクサンドロスとしても、かなり手こずったろうことは、まず疑えない。しかしアルサメスは、グラニコス会戦のとき採用せずに終わった、あのメムノンの戦略を、今、ここで生かそうと思いつく。つまり豊かに稔るキリキア平野を、首邑《しゅゆう》のタルソスにいたるまで一面焼野原とすることで、アレクサンドロス軍を糧秣難のじり貧に追い込もうというのだ。アルサメスも、ゼレイアにおける、緒戦の戦略決定に参画したひとりだった。

しかし、それはやはり時期を失した、場違いの戦略方針だったろう。アルサメス軍主力が関門から撤収したあとの残留守備隊は、アレクサンドロスの夜襲に、まったく戦わずして逃げ去り、こうしてこのアジアへの門は、ただの一兵も損ずることなしに、アレクサンドロスの前に開かれたのだった。かれ自身も、そのあまりの幸運におどろいたほどだという。アルサメスが企てた焦土作戦の方も、騎兵部隊の急追で未然に阻止され、失敗に終わった。タルソスの町は戦争の業火から救われた。

## ❖医師フィリッポス

メムノンの死を、小アジア防衛線の崩壊として受けとったダレイオス三世は、そのころすでに、バビュロンから西へ、親征の途上にあった。アレクサンドロスもおそらく、タルソスにはいる前後には、その風説を耳にしていたにちがいない。しかし恒例の、妃妾一族までも引き連れた、帝王みずからの親征となると、ただでさえ小まわりのきかない、大帝国軍の移動は、いっそう動きの鈍いものになるだろう。会戦までには、まだかなり間がある――。

しかし、思いがけないことがおこった。炎熱の小アジア東部を踏破し、タウロス山脈を駆け抜けてきたアレクサンドロスの身体は、さすがに自覚しないところで疲労していた。タルソスの町を流れるキュドノス川に水浴をもとめたかれは、烈しいけいれんに襲われて、そのまま意識を失った。急性肺炎かともいう。高熱が続き、危篤状態に陥った王に、下手にかかわり合うことを怖れる侍医たちのなかで、ひとり、王の身体を子供のころから扱い馴れたフィリッポスという医師だけが、副作用の強い薬草を調合して使うことを申し出た。同じころ、ひそかに一通の密書がパルメニオンから病床のアレクサンドロスに届けられる。医師のフィリッポスはダレイオスに買収されて、王を亡きものにしようと企んでいる。御用心を――。密書は、こういう趣旨の内容だった。

やがて当のフィリッポスが、薬餌をととのえてはいってくると、王はいつもと変わらぬ態度で医師を迎え、かれにその手紙を読むように手渡すと、さし出された薬をごく自然な調子で飲み下した。手紙を読み終えたフィリッポスは、即座に落ち着いた口調で答える。「私の薬で、決して不都合はおこりますまい。私の指示に従ってさえくだされば、必ずお癒りになります」と。このときアレクサンドロスを救ったのは、薬よりもむしろ、人間に対する信頼感だったのかもしれない。

しかし、衰弱した王の回復は長びいた。タルソス滞在は、そのため二か月以上にもおよび、「シリア門」とよばれる、つぎの要地を占拠するために、パルメニオンを先発させたのは、すでに九月もなかばを過ぎていた。もうここからさきは、いわゆる兵要地誌もまるでない、現地住民を案内役に立てての、不用心な進撃なのである。その間、アレクサンドロスの方は、沿海地方を一度逆に西へ進んで、ソロイの町まで小遠征を試みたが、この作戦は、近づく決戦を前にして、かれに健康が完全に回復したことの自信をとり戻させたことだろう。

# 闘　志

## ❖空前のすれちがい

アレクサンドロスがタルソスの東、マッロスに進出して滞在するうち、先発していたパルメニオンから急使が届いた。ダレイオス三世の大軍が、「シリア門」から東へ二日行程のソコイに幕営中だ、という。アレクサンドロスは、ただちにパルメニオン隊と合流して、相手の本営に奇襲をかけようと計画する。進出の途上、傷病兵をイッソスの町に残したかれは、全速力で北シリアの沿岸を南下した。約一一〇キロを二日間で駆け抜け、三日目にはもはやミュリアンドロスで、全軍が「シリア門」に向かう態勢をととのえる、という速さだった。

パルメニオンがソコイにペルシア軍の所在を発見してから、少なくとも四日が経過していた。実はダレイオスの方も、アレクサンドロス軍が進攻してくるのは、「シリア門」越え以外にはないと予期して、すでに九月末から、その東方のソコイに陣を張っていたのだ。ここ、アッシリアの平原は、大軍の作戦展開にはことのほか有利なのだった。しかし待つこと一か月、おそらくダレイオスは辛抱しきれなくなったのであろう。キリキアでアレクサンドロスが重病だ、という情報も、ペルシア軍側に、むしろ進んで攻勢をとらせるきっかけのひとつになったのではないか。そのための移動が、皮肉なことに、この四日の間におこったのだった。こうして両軍は、間一髪のところで、空前のすれちがいを演ずることになってしまった。ペルシア軍はアマノス山脈の東側を北上して、「アマノス峠」を越え、イッソスに南下する。アレクサンドロスの方は、うかつにもこの峠道からする危険を、まったく警戒も、予測さえもしていなかった。

ペルシア軍はイッソスで、無抵抗の傷病兵に残酷な凌虐《りようぎやく》を加えて、会敵への気勢をあげるが、辛うじて船で脱出したものは、南のアレクサンドロスのもとに、ペルシア軍の思いがけぬ出現を伝えることができた。ミュリアンドロスに、その前夜到着したばかりのアレクサンドロスは、その報告にわが耳を疑った。ダレイオスが突然、自分の背後に現れたとは——。ただちに船で派遣された側近の幕僚は、おびただしい幕営のかがり火に、その事実を確認した。意表をつかれた衝撃があり、それにもまして状況の危機があった。それを乗りきる手段《てだて》の巧拙は、おそらくこのばあい、より大きく心理的な問題にかかわるにちがいない。一日の躊躇はそれだけ心理的動揺を増幅する。アレクサンドロスはただちに反転して、ペルシア軍にあたることを決意した。

## ❖イッソスの会戦

ふつう、イッソスの会戦といわれる。戦いはイッソス南方のピナロス河畔で行われたが、それが今日のどの川にあたるかは、必ずしも定説がない。川の存在は、防御態勢をとるペルシア軍にとって有利なわけだが、幅二・四キロ足らずという、狭い海岸平地であるだけに、ペルシア側は、せっかくの大軍を有効に展開できない、という点で、状況はむしろアレクサンドロスの方に幸いするだろう。しかし、そのかれにも、内心の不安はさすがに蔽《おお》い難いものがあった。あるパピルスの断片史料には、かれが戦闘開始の直前、大きな不安から、「テティスとネレウスと……ポセイドンに向かって祈りをささげた」と伝える（ヤコビ編『ギリシア史家断片』）。テティスは海の女神、アキレウスの母である。私たちはアレクサンドロスの、英雄アキレウスへの自己同化の例を、ここにも見ることができるだろう。

この会戦でも、アレクサンドロス軍の勝利を決した最大の力は、かれが率いる騎兵部隊の果敢な攻撃力だった。それを左右したのが、かれらの烈しい闘志と、それを有効に駆使する、指揮官の統率力だったとするならば、この戦いはまさに、アレクサンドロスの個性そのものが、もっとも強烈なかたちで発揮された戦いといってもよかった。アレクサンドロスの騎兵部隊は、右翼から渡河すると、楔《くさび》形の戦闘体形のまま、斜《はす》かいに敵陣のなかを中央部へ殺到する。ペル

イッソスの会戦で、敗走に移る直前のダレイオス三世
（ポンペイ出土　床面モザイク画、部分）

シア軍の戦列の中央は、伝統的に最高指揮官の所在位置だった。

ダレイオス三世の、豪勇をもって聞こえた弟オクサトレスは、「王を護って、その四頭立ての戦車の前に立ちふさがり、激しく戦った。かれは歴戦の経験を生かして勇敢に敵と渡り合い、多くの相手をたおした。けれども、アレクサンドロスの騎兵部隊《タクシス》の方が、戦闘力の点ではたち勝っていた。ダレイオスの戦車のまわりには、見る間にたくさんの戦死者が折り重なった。突入した誰もが、王を目がけて襲いかからんものと気負い立ち、お互いに激しい熱意で競い合って、まるで生命など、つゆ惜しもうとはしなかったからだ」（ディオドロス『歴史集録』一七・三四・二―四）。

そのころマケドニア歩兵軍の中央には、ペルシア側のギリシア傭兵の大集団が突入してきて、難戦状

ダレイオス三世に迫るアレクサンドロス
（ポンペイ出土　床面モザイク画、部分）

態が続いていたが、晩秋の夕闇が落ちかかるころ、マケドニア騎兵部隊は左翼からも、相手の中央部に進出した。挾撃の危険は、このとき早くもダレイオスに、戦場からの離脱を決心させたらしい。そのとき、突進してきたアレクサンドロスの闘志にあふれた眼と、恐怖に大きく見開かれたダレイオス三世の視線とが、ひたと合う。ダレイオスは無意識に、それでわが身を防ごうとでもするかのように、思わずアレクサンドロスの方へ右手をさし出し、馭者は焦って馬に鞭をあて続ける——。混戦のなかでの、この一瞬の劇的な空間を、ポンペイの床面モザイク画は何と生き生きと写し出していることか。

いったん崩れはじめると、ペルシア軍の退却はもろく、あっけなかった。統制を失ったペルシア側の大軍は、文字通り四散した。ダレイオス自身も、アレクサンドロスの三〇キロ余りにもわたる、激しい追跡を振りきって、アマノス山中を東へ逃げのびた。

### ❖「アジア全土の支配者」として

帝王の奢侈は、最前線にまで持ち込まれていて、戦場に勝ち残った、素朴なマケドニア人たちの眼を驚かす。黄金や貴石に飾られた、なにげない日用調度の数々をはじめ、豪華な浴槽までも戦場に見いだしたアレクサンドロスは、しかし、思わず側近を顧りみて正直な感慨を洩らさずにはいられない。「まったく、これこそ王者にふさわしいというものだ」と。戦場には今ひとつ、大事な「遺留品」があった。ダレイオスの家族――王の年老いた母、王妃、そして子供たちである。アレクサンドロスは、かれらに王族の礼遇を厚くし、捕われの屈辱感を少しでも軽くさせようと心をくだく。この高貴な「戦利品」を、政治的取り引きの手段に利用する――そのような権謀術策は、このときまったくかれの念頭にはなかった。

ダレイオスから、最初の講和申し入れが届いたのは、イッソスの戦塵が収まってまもなく、アレクサンドロスが北シリアの諸都市を攻略中のときだった。友好同盟関係の回復、王家族の返還などを求めたダレイオスに対する、アレクサンドロスの返書は、しかしきびしく高圧的な内容のものだ。今次の進攻は、マケドニアとギリシアとへの、かつての侵略に対する報復のため、だけではない。父フィリッポスに対する露骨な敵対行動とかれの暗殺、それに、金力によるあくどいギリシア諸国の分裂策動――こうした諸悪の根源は、すべてペルシアに発せざるはない、と、かれはきめつける。「……今後、貴下にして余に書を呈せらるるときは、アジアの主《キュリオス》に捧ぐる書状として呈上せらるべし。対等の立場よりなすべきにあらず。もし貴下にして必要あらば、今や貴下の全財産を支配する余に対して、すべからく乞い求むるところあるべし。……またもし貴下にして、王権をなおも主張するの意思ありとなさば、あくまでも王権を護り、踏みとどまりて余と戦いを交え、かまえて逃竄《とうざん》すべからず。この余は、貴下がたとえいずこへ逃奔《とうほん》なすとも、必ずや貴下を追うて、終《つい》に已《や》まざるべし」と（アッリアノス『アレクサンドロス東征記』）。アレクサンドロスの脳裡には、このときすでに、「アジア全土の支配」が、武力への自信とともに、何ほどか明確な現実性を帯びて、すでに動かぬものとなっていたようにみえる。

けれども、さしあたっては敗走したダレイオスを追って、ただちにアッシリア平原に軍を進めるわけにはいかなかった。なぜか。エーゲ海でのペルシア艦隊の活動は、ギリシア艦隊が再建されて以来、かなり下り坂にあったとはいえ、やはり大きな後顧の憂だったことに変わりはない。何としてもかれらの基地母国であるシリア、フェニキアを完全制圧しなくてはならなかった。それに、この危険な地方をそのままにして、メソポタミア内地に進入してしまえば、キリキアから北シリアを経由する東西の陸上連絡線は、そのすぐ南側背から、いつでも遮断《しゃだん》されかねず、そうなると東征の軍は海からも陸上でも、マケドニア・ギリシアとのつながりをまったく断たれた、根無し草同然になって自滅してしまうほかはないだろう。征服は、一歩一歩足許を固めた上で、前進することが必要だった。それにはやはり、まず東地中海の東部沿岸、そしてエジプトを抑えることだった。

### ❖テュロスの攻囲戦

フェニキア最大の商業都市国家テュロスは、本土にある旧市とは別に、新しい町を沖合およそ〇・八キロの小島に建設していた。現在この島は、長い砂嘴《さし》で本土とつながっているが、そのころは、海はこの島のまわりで平均三、四〇メートルの深さに達していたらしい。島の全周は約四・五キロ、高い城壁をめぐらしたこのカルタゴの母市は、市民が難攻不落の要塞と揚言しても不思議ではない、堅固な構えを誇っていた。

進出してきたアレクサンドロスは、たまたまここの市神メルカルトが自分の祖先ヘラクレスに比定されていることを知ると、その神殿で供犠《くぎ》を執《と》り行いたいという意向を、市側に伝えた。市民の代表はそれに対して、本土側の旧市にある神殿が、儀式には適当だとする回答を寄せる。いかにも丁重な態度だが、島の新市にはいることはあくまでも拒否して譲らない、という強い意志が、そこにははっきりと読みとれた。アレクサンドロスの供犠申し入れが、その実は新市内にはいるための口実でしかなかったとすれば、市民の側もまた、おそらくはそのことを察知していたにちがいない。問題の決着が武力による攻防以外につけ難いことは、もはや避けられなかった。形式的な交渉がなお往復した末、やがて攻撃が開始される。前三三二年一月であった。

アレクサンドロスは突堤を築き、島をまず陸続きにした上で攻略してしまおうと考える。大量の土石を運び、レバノン山中から材木を伐り出して、堤防を海中に築くこの大工事は、まさにテュロス市民の嘲笑をさそうに足る、ヘラクレス的な力業だったにちがいない。そして同時に突堤の先端まで、城壁の高さをしのぐ巨大な攻城櫓《やぐら》を推進させ、その高みから矢や石弾を浴びせかけるのだ。これに対してテュロス側は、古船に大量の可燃物や硫黄、ピッチなどの燃焼剤を積み込み、いわゆる火船を仕立てて、突堤にこれを突っ込ませ、攻城櫓を内部の兵士や兵器もろとも炎上させるという奇手に出た。

島に近づくにつれ、海は急に深くなり、相手側の反撃も激しさを加え、突堤工事は困難をきわめた。その上、春先の激しい風浪が未完成の突堤に叩きつけて、それまでの努力が一夜のうちにあらかた無に帰してしまう、といった思いがけぬ不運さえおこった。突堤はやがて再建されたが、この、ほとんど信じ難いほどの莫大な労力を投入した突堤からの正攻法は、結局、築造過程の犠牲のみ多くして、なかば放棄されてしまう。代わって島攻めの主たる攻撃法となったのは、海側からの直接攻撃である。連結した二隻の大型船に攻城槌を固定して、外海に面した城壁をそれで破壊しようというのだった。テュロス市民の積極果敢な抵抗も、ほかにその例を見ない激しいものだった。かれらは攻城槌を積んだ船が接岸しようとすると、落石でこれを阻み、あるいは係留中の船の錨を海中に潜って切断するなどして、対抗するありさまだった。

突堤上の攻城櫓に対しては、かれらは強力な射出機《カタパルトス》で鉤《かぎ》つきのロープを射ち出して、櫓の引き倒しを企て、また城壁直下に取り付いたマケドニア軍の兵士たちに対しては、灼熱《しゃくねつ》した多量の砂や汚物を、上から浴びせかけた。武具のすきまから直接、肌身にまではいり込んだ無数の熱砂のために、兵士たちのなかには、発狂するものが続出したという。テュロスの攻防戦は、さながら双方で戦術的工夫と根気の勝負だった。ある時期には、「まったく困憊《こんぱい》し果てたアレクサンドロスは、囲みを解いてそのままエジプトに向かおうと」まで思いつめたほどだったという（クィントゥス＝クルティウス『アレクサンドロス大王史』四・四・一）。

しかし七か月にもわたる、息もつがせぬ攻囲で、さすがにテュロス側の抵抗力も、その限界を見せはじめていた。かれらが最後の望みを託した艦隊の出撃も、期待したほどの成果をあげずに終わると、「テュロス最後の日」はもう目前に迫った。艦隊の出撃が失敗に終わった二日後、外海側の城壁の破砕個所から、ついに市内に突入したマケドニア軍は、予想外の長期にわたった難戦と、多数の犠牲を戦友たちに強いた、市民への復讐意識に狂暴化して、見さかいのない殺戮をくりひろげた。八〇〇〇の市民がこうして殺され、さらに二〇〇〇人が、これはアレクサンドロスの命により、浜で磔殺《たくさつ》の極刑に処せられた。奴隷化された婦女子の数は、三万に達したという。テュロスの大攻囲は、攻守双方で、当時もっとも進んだ軍事技術が惜しみなく投入され、駆使された、その点でも、東征史上に特異な戦闘となったのである。

## ❖「私がパルメニオンならば」

テュロス攻略の直前、アレクサンドロスはダレイオスから二度目の和議申し入れを受けた。イッソスでの敗戦後、北はアルメニア地方へ逃れた有力なペルシア騎兵軍は、翌春小アジア方面へ巻き返しの攻勢を試みたが、それが、ダレイオスが期待したほどの成果をあげず、失敗に終わったとなると、その挫折感も、この再度の講和提案に何らか影響したのかもしれない。今回は巨額の償金支払い、ペルシア王女の婚嫁による友好同盟の強化に加えて、はじめてエウフラテス川以西の領土割譲の条項が明示されていた。フィリッポス的な現実論に立って、征服地維持可能の限界をまず考えるならば、東征の目的は、これでほぼ理想的に達せられたとすべきであろう。事実、のちの歴史は、ローマ帝国のばあいも、その伸びきった東の境界が、同じくエウフラテス川に置かれたことを教えている。東征をあくまでマケドニア王国の国家発展の延長として、そのかぎりにおいて考えるパルメニオンにとっても、提案の受諾はむしろ当然の理として映るのである。

かれはいう。「もし私がアレクサンドロスならば、この条件で戦さをやめて、このさきの危険を冒そうとは思わないところですが」と。アレクサンドロスがかれに諮問《しもん》したのは、むろんこうした答えを、はじめから予期してのことだったにちがいない。側近の御用史家カッリステネスは、王のかなり辛辣《しんらつ》な返答を、こう記録している。「私もきっとそうするだろう。もしも私がパルメニオンならば――」。

ふたたび拒否の回答を受け取ったダレイオスは、その回答と同時に、捕われの身の王妃が産褥で死んだこと、またアレクサンドロスが彼女を王妃の礼をもって手厚く葬ったこと、を使者の口から聞いた。これらの公私二様の打撃は、複雑な思いで、ダレイオスに再度の、挙国的な大反攻を決意させるきっかけとなったことだろう。

### ❖ガザの抵抗

エジプトへの途は、テュロスの征服によって、すべて開かれたわけではなかった。東地中海沿岸を南下するアレクサンドロスは、その最南端に近いガザで、今一度激しい抵抗に直面する。ガザは、レバノンの乳香とアラビアの香辛料取引とで古くから栄えた商業の町。アラブ人傭兵を擁する守将のバティスには、地の利の自信があった。「テル」とよばれる丘の上に立つこの町には、テュロスの島攻めに用いた方法は、そのままでは応用がきかない。技術専門家たちのこうした判断に対する、アレクサンドロスの発想は、いかにもアレクサンドロス的としかいいようがない。それではこちらも、敵の城壁と同じ高さの丘を築いて、その上に攻城櫓を組み立てたらいいではないか——。

実際にはテルの斜面に土止め、盛り土をして、高い土壇を築くわけだが、これと平行して、テルに坑道を掘り進み、城壁を陥没させて破壊する、といった新手の大工事も進められた。この立体的な攻撃が効を奏して、ガザの守備軍の激しい抵抗を打ち砕いたのは、しかしさらに二か月ものちのことである。降伏したとき、市内にあった男たちは、この二か月間の戦闘でほとんど戦死していたという。

守将のバティスは、重傷を負うたままで捕えられた。アレクサンドロスはかれの両の足首に皮紐を貫き、自分の戦車のしりえにその端を結えつけて、かれを引き摺《ず》りながら町のまわりを疾駆したという。この処刑の方法が、かの親友パトロクロスを斃したヘクトルに復讐する、アキレウスの故事にならったものであることは、明らかだろう。アレクサンドロスの「正史」は、この挿話について、それを王の品位を貶《おと》す残虐な所業と憚ってか、一言も触れていない。伝えそのものを作り話として、否定しようとする研究者（W・W・タアン）もある。しかしここには、古英雄の行為を現実に模倣《もほう》しようとする、いかにもアレクサンドロスらしい情念の表出が濃厚で、事実の信憑《しんぴょう》性を積極的に疑う理由には乏しいのである。

## ❖「エジプトの解放者」として

ガザから、ナイル川三角州《デルタ》の東口にあたる、軍事拠点のペルシオンまで、およそ二〇〇キロ。一週間でこのエジプトの入口まで到達したアレクサンドロスを、土着のエジプト人は、「解放者」として歓呼して迎えた。駐留するペルシア軍も、はじめから抵抗はあきらめたかたちで、武力衝突はまったくおこらなかった。完全な無血征服である。土着エジプト人の歓迎ぶりは、ある程度まで予想されないことではなかった。前四世紀にはいって六〇年あまり、エジプト人は、執拗にくり返されるペルシア側のきびしい弾圧を、その都度はね返しながら、いく度かの反乱によって独立の維持に努めてきたのだったが、前三四三年には、アルタクセルクセス三世自身が大軍を率いて来攻し、かれらはふたたび屈服と従属を強いられた。

このとき、勝利におごったアルタクセルクセスがエジプトの神殿を汚し、破壊し、とりわけエジプト人に尊崇厚い聖牛アピスまで屠殺して、その肉を食膳に供させたことは、土着民の対ペルシア憎悪を燃え立たせた。激しい反抗の動きが盛り上がったが、それは旧に倍する弾圧によって無惨におし潰されてしまう。それは実に、アレクサンドロスが乗り込んでくる、わずか三年前のことだったのだ。

エジプトにはいったアレクサンドロスは、土着の伝統信仰を大切にすることで、ペルシア王のそうした先例ときわだった対照を見せ、エジプト人のかれに対する好感は、そのことによっていっそう確実なものになった。その上、反乱の最中から、エジプト人の間には、ひとつの予言が人々の口伝てに語られていたらしい。ペルシアのエジプト制圧によって、国外に亡命を余儀なくされた、年老いた王《ファラオ》は、いつの日にか力にみち溢れた若々しい王となってふたたび帰国し、外敵の手から国を解放してくれるだろう、という、一種の「救世主出現《メシア》」の予言なのだ。先王の亡命以来一〇年、若いアレクサンドロスが反ペルシアの軍を率いてやってきたとき、エジプト人たちが、この王こそ、さきのファラオの再来、国の解放者としての新しいファラオとして熱狂的に歓迎したのは、決して理由のないことではなかった。

翌、前三三一年はじめ、首都のメンフィスからナイル川を下って、河口付近をくわしく調査したアレクサンドロスは、東のペルシオンとはちょうど対蹠的な、三角州《デルタ》の西口に近いラコティスに、都市建設のための適地を見つける。「この〈建設〉事業に憑《つ》かれたような」かれの異常な熱意は、たとえばかれ自身がみずから新都市のための設計図を引き、広場《アゴラ》や神殿の場所などを決め、などしたほどで、やがてこの都市が「アレクサンドレイア」と名づけられたのも、単にうわべだけの形式的な命名ではなかったことを思わせる。

都市計画の細部と施工の実際とは、かつてエフェソス市の再建を手がけたことのある、有名な建築家デイノクラテスに委ねられた。やがてヘレニズム世界第一の都市、「美観と規模と、はいってくる富の豊かさ、また奢侈を求める人々の数において、ほかの都市をはるかにしのぐ」（ディオドロス『歴史集録』）と謳《うた》われるまでに発展する、この大都会の建設こそは、東征の途上にあるアレクサンドロスが、地中海の周辺に別れを告げるにあたって、地中海世界に遺《のこ》した、最大の贈物となったのである。

エジプトの征服は、環地中海地域一円の征服の最後の仕上げ、ともいえる意味を持っていた。東征の全過程から見ても、いわば「第一段作戦」の完了といった、ひとつの段階が、ここで画されるといってよい。そのことはしかし、軍事的な意味合いからだけいえる、というのではない。むしろ、この時期までに、しだいに確固不動のものにまで高められた、アレクサンドロスの自信こそが、この「第一段作戦」の成果として、もっと問題なのだ。すでにイッソス会戦のあと、講和を申し入れてきたダレイオスに対して、かれがみずから「全アジアの主《キュリオス》」と称して、相手に臣従の礼をとることを要求したのも、そのひとつの現れだった。だがそればかりではない。

ペルシア艦隊の活動に煽動されて、この二年間、エーゲ海の島々の都市で反革命をおこしていた、親ペルシア派の有力市民たちが、この時分捕えられて、エジプトに護送されてくると、アレクサンドロスはためらうことなく、直接みずから判決を下し、あるいはその処置を決定した。一年ほど前、かれはある宣言のなかで、都市自治に対する反逆者が現れて、それが逮捕されたばあいには、その一件審理はコリントス同盟の法廷に付託されるべきだ、と、自治尊重の立場を明らかにしていたが、それとくらべると、このエジプトでの独断裁決には、かれの権力的自覚というか、権力強化の傾向がはっきりと読みとれる。同盟の盟主とはいいながら、かれがしだいにその限られた権限の枠を無視し、みずからの「実力」において行動しはじめた、その歴然たる証拠を、ここにも見ることができるのである。

## ❖砂漠の奥の神託所へ

ところで、アレクサンドロスのおよそ半年におよぶエジプト滞在は、かれがアモンの神祠を訪れようと、砂漠の奥深く探検的な旅を試みたことで、一種の神秘的な彩りを添えることになった。アレクサンドレイアから西南およそ五〇〇キロも離れた、リビュア砂漠中のシウァのオアシスに、かれが託宣の神アモンの神祠を訪ねたことは、すでにその当時から、その動機とか目的、成果などについて、いろいろと取り沙汰され、神秘的な尾鰭《おひれ》をつけてさまざまに解釈されてきた。

アレクサンドロスは、都市建設や政治問題の処理にいちおうのめどがつくと、前三三一年はじめ、少数の友人たちとともに海岸沿いに西へ向かった。パライトニオンで、そこまで同道したキュレネからの使節たちと別れると、かれらはまもなく、南にひろがる砂漠地帯に踏み込む。吹きつける激しい熱風と砂嵐のなかで、道を失い、水も尽き果てた一行は、しかしにわかのスコールで生気をとり戻し、烏や蛇などの「神秘的な先導」のおかげで、三週間ぶりにやっと目的地に達することができたという。

いったいかれは、何のためにこんな苦難を冒して、この僻遠《へきえん》の地を訪れたのか。かれは、将来の世界征服の可能性について、また自分の神聖な生まれの秘密について、神に問い、そのいずれについても、心にかなう託宣をえたという。アレクサンドロスは、ことに当たってするどく現実的《レアル》なものの考え方に徹し、冷静で合理的な決断を下すかと思うと、側近の卜占師《ぼくせん》アリスタンドロスに吉凶の卦《け》をもとめ、それによって自分の行動を決める、といった一面もあった。けれどもこれを一概に、「非合理的」と片づけてしまうわけにもいかない。たとえば自分の行動や判断を正当化し、将兵にそれを納得させる必要がおこったとき、そのための政策的方便として、卜占が持つ無視できない効用、というか人間心理への微妙な作用力を、かれは十分に心得ていたからだ。しかし、密儀宗教に凝った母親オリュンピアスの影響が、かれ自身のなかに強く働いていたであろうことも、おそらくは否定し難いこととしなくてはなるまい。

アレクサンドロスのアモン神祠詣でにはまた、当時友好和親のためにエジプトを訪問中だったキュレネの外交使節団が帰国するのに、途中まで同行して、国境を現地で画定し、友好を確立する、といった政治上の必要が、先行していたのかもしれない。そのばあい、未知のものに対する持ち前の好奇心や探検心が、さらにかれの「抑え難い衝動《ポトス》」をかき立てたことだろう。けれども、そうした動機の、さらに奥深いところで、アレクサンドロスをつき動かしたものは、やはり神秘的な力に直接自分自身を問うことによって、わが胸の底にいだく信念とか自信に、神の確認をえ、神の恩寵をえたいという、已《や》み難い願望だったのではないだろうか。

# 玉輦悲運

### ❖決戦への潮どきを待って

アレクサンドロスがエジプトをふたたび進発したのは、前三三一年晩春のことだった。そのころパレスティナ南部のサマリア地方に反乱がおこって、占領地のマケドニア人総督が焚殺されるといった、政情不安が発生したことも、進発をうながすきっかけとなったらしい。仮借《かしゃく》ない弾圧で反乱を鎮定したかれは、北上して、復興の途上にあるテュロスにはいり、ここでまたもや、およそ二か月間、軍をとどめることになった。もともと積極的で行動的なアレクサンドロスのことである。そのかれが、エジプトに半年滞在したその直後に、また二か月近い時日を「無駄に」ついやすというのは、いったいどんな理由があってのことなのだろうか。

アレクサンドロスの計算にあったのは、たぶんイッソスの二の舞をくり返さない、ということだった。つまり今度こそは、何が何でもペルシア帝国のすべてを賭けた、最終的な決戦に持ってゆかせなくてはならない。中途半端な、ダレイオスにまたの機会を期待させるような、あいまいな結末に終わらせることがあってはならないのだ。戦闘でペルシア軍を破り、ダレイオスを敗走させるということのくり返しでは、これは本当の勝利とはいえない。どこまで行っても、正統性を持たないただの権力簒奪《さんだつ》にすぎないし、その上わずかの東征軍でもって、広大な敵国の奥深く攻め入ること自体、むしろ自滅の危険をみずからに招き寄せるようなものだ。ダレイオスに総動員の、そして決戦の態勢をととのえさせる、それだけの時間的余裕を与えることが、これから帝国の中心部へ進攻しようとするアレクサンドロスにとっては、戦略的にみて、もっとも重大なことだったにちがいない。アレクサンドロスの方もまた、むろんこの間に、きたるべき最終決戦に備えて、準備を怠ってはいなかった。かれが本国統治の任にあるアンティパトロスに対して、増援部隊を至急編成して送るように指示したのは、まだエジプトに滞在中のことであった。

### ❖決戦への果たし状

しかし、アレクサンドロスが前途に嵐を望んでいる、ちょうどこの時期に、かれの背後にも、危険な一団の黒雲が湧きおこりつつあった。イッソス会戦の前から、優勢なペルシア艦隊と結んで、ギリシア本土にひそかに反マケドニア蜂起を計画していた、ギリシア側の中心勢力は、スパルタだった。スパルタはコリントス同盟にも加わっていない。イッソスの敗戦で、ペルシアとの共同作戦計画が挫折したあとも、スパルタ王アギス三世は、アテナイの急進的な民衆派と組んで、「ギリシアの自由」の旗の下に、同志拡大の工作を続けていたのだった。

アレクサンドロスがこのアギス王蜂起の知らせに接したのは、テュロス滞在中のことで、それとほとんどあい前後して、アテナイからの使節もテュロスにやってきた。グラニコス会戦のときに捕虜になった市民を、釈放してほしいという。先年、ゴルディオンで同じ要請を受けてから、今度で二度目である。アテナイがアギス王の蜂起に同調しないことを確認したアレクサンドロスは、そのお返しとして、今度は捕虜の全員釈放に同意した。背後に上がった火の手の危険を考えに入れると、これは、アレクサンドロスにとっては、まったく安上がりのお返しというものだったにちがいない。

七月なかばまでテュロスにとどまった軍の内部には、さすがに苛立ちの空気が表面化しはじめていた。戦略的な考慮から「待ち」の構えをとって動かないアレクサンドロスではあったが、そのかれにも、引き絞った矢の、あの切迫した緊張感と充実感とが、こうして待機している間に、徐々に失われて、肝腎《かんじん》の決戦のときまで持続できないという懸念は、小さくはなかったろう。どっちつかずの待機姿勢からくる、兵士たちの鬱積《うっせき》した気分は、軍中に集団的な暴行傷害事件を惹き起こすような事態まで、つくりだしていた。

ダレイオスから第三回目の使節がやってきたのは、たぶんこのテュロス滞在中のことだったであろう。しかし、このときの使節が、史料の伝えるような、「講和提案」の使節だったとは、私には思われない。イッソス以来一年半あまり、東方諸州にも総動員令を発して、新帝国軍の編成につとめてきた、バビュロンのダレイオスの下には、このころすでに、その大部分が集結を終わっていたはずなのだ。このときの使節が携えてきた、親書の内容が何であったにもせよ、ともかくアレクサンドロスにとって、それが決戦への準備完了を告げる、一種の果たし状と受けとられたであろうことは、おそらく疑いない。

## ❖最終決戦の場は

エウフラテス川は、その渡河点タプサコスから、二つの舟橋を設営して渡った。ペルシア軍による阻止の動きはなかった。バビュロンの太守マザイオスが六〇〇〇の兵を率いて、対岸に陣を布《し》いてはいたが、かれの任務は渡河阻止ではなく、渡河後のアレクサンドロス軍の進撃路を北に向けさせ、バビュロン市にいたる道を南下させないようにすることだった。この、エウフラテス左岸を南へバビュロンに向かう道は、七〇年ほど前、キュロスの反乱に傭兵隊長として従軍したクセノフォンの『アナバシス』の道でもあった。

ダレイオスは、どこで決戦を試みようとしているのか。少なくともバビュロンの近くではない。アレクサンドロスの方には、この地方の兵要地誌的なものもむろんないわけだから、有利な会戦地を選択する、戦略上の優位は、このばあい一方的に、ダレイオスの側ににぎられていたといってよいだろう。しかし、アレクサンドロス軍の立場からしても、北進を選んだことは、南部メソポタミアの夏に特有の、あの猛暑を避け、糧秣もより潤沢に確保できた点で、決して不利な条件ではなかった。

ダレイオスがいったいどこで、自分たちを待ち受けているのか、その偵知に苦慮していたアレクサンドロスは、たまたま捕えたペルシア側の諜者の口から、ダレイオスがティグリス川の対岸に布陣して、東征軍の渡河を阻止しようとしていることを訊《き》き出した。けれども、ペルシア帝国の「王の道」が通るアブーダヒルの渡河点には、予想された敵影はなく、兵士たちはまったく抵抗なしに対岸の土を踏んだ。

ティグリス川をあっけなく越えたアレクサンドロスは、右手に川筋を、左手遠くにはメディアとの州界のザグロス山系を望みながら、東南行し、四日目になって、ようやくペルシア軍の前哨部隊と接触した。かれらは、東征軍の渡河を阻止するという、本来の作戦任務にはとうとう間に合わず、そのため、焦土戦術によって、できるだけアレクサンドロスの進撃を妨害しようとする手段《て》に出たが、その企ても、騎兵部隊の攻撃を受けて潰《つい》えた。このときの捕虜から、アレクサンドロスははじめて、ダレイオス三世が主力を率いて、ガウガメラという村近くの地点まで進出してきているという、正確な情報を入手したのだった。彼我《ひが》の距離は、このときすでに一〇キロあまりしかなかったが、会敵までになお四日間、両軍はともに慎重を期して動かない。地形がくわしく調べられ、作戦方針の討議が重ねられ、それに応じて、部隊の編成や配置が検討し直され、息づまるような緊迫感は、相手側のわずかな動きにも神経を尖らせるほどに、日を追って高まった。

### ❖緊張と不安と

そんなある夜、アレクサンドロスの率いる兵士たちが突然、原因不明の集団妄想に襲われ、恐怖におののき、戦意喪失の恐慌《パニック》状態に陥るという、奇妙な事件がおこった。過度の敵前緊張が続いたところに加えて、夜の敵陣にともる無数のかがり火を、高みから望見したかれらには、潜在的な恐怖感が意識の表面に溢出してきたのだろうか。アレクサンドロスが、総崩れのもとになる恐怖心《フォボス》の神に犠牲を捧げて、神の宥恕《ゆうじょ》を祈願したのは、あとにもさきにもこのとき限りのことだった。これまでに経験したこともない大軍勢に直面した、兵士たちの間に、動揺がひろがり、それが心理的な敗北感に結びつく危険は、この事件があって以来、会戦の前夜まで、アレクサンドロスの心を深刻に悩ませた問題だったのである。

夜襲をすすめるパルメニオンに対して、かれが「夜陰にまぎれてこっそりと勝利を盗みとるようなやり方は、私の恥だ。アレクサンドロスはどこまでも、白昼堂々と、詭計《きけい》を用いないで勝たなくてはならないのだ」といったのは、大向こうを意識した大言壮語のようにも取れ、またいかにもアレクサンドロス的な、気負いの勝った物の言い方とも聞こえるのだが、実は、前夜のこうした体験をふまえての慎重な判断が、この発言の裏にはあったのであろう。夜襲は、状況次第では、敵ばかりでなく味方までも、大混乱に陥れかねない戦術なのである。

イッソスでの思いがけぬかたちの会戦は、海近くまで山が迫る、細長い海岸平地でおこったため、大軍を擁するペルシア側にとっても、地形的に不利な戦いだった。しかし今度、ティグリス川渡河点から東南およそ一二〇キロのガウガメラに、ペルシア側が予定した会戦地は、重装騎兵中心のその大軍が十分展開し、相手を容易に包囲することができるほどの、広く起伏の少ない平原だった。

主戦闘力の騎兵についてみると、その兵力はペルシア側の三万に対して、アレクサンドロス軍はおよそ七〇〇〇と劣勢である。側面から迂回包囲されることが、この平地戦のばあいに最大の危機であることは、アレクサンドロスにもむろん十分わかっていた。その危険には、あらかじめ手を打っておかなくてはならない。かれは、左右両翼の戦闘集団を少しずつ雁行形に後退させて配置し、その各部隊を、重装騎兵と軽装歩兵の混成部隊として、側面からの迂回攻撃に備えさせ、さらにこれでも支えきれないばあいを想定して、ギリシア同盟軍と傭兵軍とから成る予備軍を、その後詰めとして配備することにした。いずれも、それまでの布陣の伝統にない、まったく新しい型の戦闘体形の案出であった。

接敵から戦闘開始までの五日間、両軍の陣中は日ごとに高まる緊張と心理的重圧感にみたされていた。アレクサンドロスの陣営におこったパニックは、その表面に現れた一現象だったが、この五日間は、まさに実戦に先立つ、昼夜二六時中くつろぎを許さない、心理的な戦いともいえた。会戦の前夜、あるいはその前々夜から、ダレイオスは、夜襲を恐れるあまり、全軍部隊に完全武装を解かせず、臨戦態勢のまま、夜を徹して警戒にあたるよう命じたという。ある意味では常識的な判断だったが、アレクサンドロスの決断は、その常識のさらに裏をかいた。最後のどたん場になって、ダレイオスはこの命令を出すことで、将兵の心身をいたずらに困憊《こんぱい》消耗させる結果を招いてしまった。そこにはやはり、全軍の最高指揮官であるダレイオス自身の、心理的な不安感とか動揺が、微妙に影を落とさないはずはなかったのであろう。

## ❖ガウガメラの会戦

ガウガメラ会戦のときの両軍の動員数は、正確にはわからない。アレクサンドロス軍およそ四万七〇〇〇に対して、ペルシア側はその、ほぼ六倍程度とみるのが、まず妥当なところか、と思われる。この大軍同士の衝突について、史料はしばしば、詳細な戦闘場面を活写するのだが、騎兵戦闘で巻き上がる砂塵は、視界をたかだか四、五メートル程度にまでせばめて、全軍の戦闘状況の把握はおろか、局部的な勝敗の見通しさえ定かでなくしてしまうのが、戦いの実際というものだったであろう。

戦況は、ペルシア側の鎌つき戦車による攻撃が、期待した効果もなしに自滅したあと、アレクサンドロス直率の右翼騎兵隊が、巧みな陽動でペルシア軍左翼の戦列にわずかな間隙《かんげき》を生じさせ、間髪を入れず、その陣立ての割れ目に突入した騎兵部隊が、ダレイオスの坐乗する戦車めがけて殺到したことで、ほぼ決した。一気に相手の胸元に跳び込んで、事を決するという、まさにアレクサンドロス的な果断な戦術が、このときほど水際立って発揮されたことはなかった。

ダレイオスの身辺を囲む親衛隊も、少しずつ切り崩され、……かれ自身も恐慌をきたして、逃走に移った。かれらがこのようにして逃走を始めると、ペルシア騎兵のかき立てる砂塵は、濛《もう》々と空高く巻き上がり、アレクサンドロスの麾《き》下《か》の兵士たちが、ほとんど踵《くびす》を接しながら、かれらを追跡したのは、相手が多勢なのと、砂塵が濃密に立ちこめていたためで、ダレイオスがいったいどちらへ逃走しようとしているのか、を見極めることさえできないありさまだった。あたりには、傷つき倒れた兵士たちの呻《うめ》き声や、馬具のふれ合う、甲高い騒音がみちみち、たえまない馬鞭の音が鳴りひびいていた（ディオドロス『歴史集録』一七・六〇・三―四)。

しかし同じころ、左翼を支えるパルメニオン指揮下の歩兵部隊の方は、懸念されたとおり、優勢なペルシア軍騎兵部隊による、迂回包囲の危険にさらされていた。このペルシア軍の一部は、すでに戦列後方の糧秣車輛隊を襲撃するところまで、奥深く食い込み、浸透していた。右翼騎兵部隊の有利な戦況が判明しないまま、パルメニオンはこの危機にあたって、アレクサンドロスに救援をもとめたが、そのころ、もはやダレイオス追跡に移っていたかれには、乱戦のさなか、その伝令が届くはずもなかった。パルメニオンは、独力で敵の重圧を持ちこたえなくてはならず、事実、独力でその危機を支え通したのであった。

アレクサンドロスとしては、この一戦で何としてもダレイオスを捕えなくてはならないのだ。しかし、大ザブ川を渡り、夜を徹して、翌朝アルベラの町まで到着したとき、敗残のダレイオスの一行は、すでにここを通過して、東部山中をメディアへと逃れ去ったあとだった。アルベラに遺棄された遺留品のなかに、王の日用の手廻り品や武器、それに玉座つきの戦車までも発見されたことは、かれらの遁走《とんそう》ぶりがいかに度を失った惨澹《さんたん》たるものだったかを物語っていた。

### ❖「歓楽の都」バビュロン

またしても逃げられた、という無念さは、いかにも否定できない。が、戦いの結果はいずれにしても決定的だった。ペルシア王の権威において実現した、これほどの大軍の結集が崩れさった今、これに匹敵する組織的な抵抗を、改めて再建することは、もはや至難のことに思われた。ガウガメラの会戦に続くバビュロンへの入城、そして首都のスサや王宮のあるペルセポリスに向かっての進軍は、決して無駄な回り道ではない。アレクサンドロスとしては、ダレイオスのつぎの出方を、もはや強者のゆとりをもって待ち受けながら、一方ではこうした王都攻略の既成事実を、つぎつぎと積み重ねることで、ペルシア王としてのかれの権威を、現実にほとんど無意味化することができるであろう。帝国発祥の地ペルシスの征服は、もともとこうした政略目的、というよりもむしろ精神的影響を考慮に入れて、発起されたのだった。

会戦後約三週間目に戦闘態勢のままでバビュロンに近づいたアレクサンドロス軍は、城壁の外まで出迎えた太守のマザイオスから、都市の開城降伏を受け、市民や祭司たちの間にも、東征軍の入市に対する抵抗はみられなかった。エジプトでのばあいと同じように、アレクサンドロスがここでも、マルドゥク神殿の再建費用を献金するなどして、伝統信仰に敬意と関心を示したことは、昔から潜在的に反ペルシア感情をいだくバビュロニア人たちに、「解放者」としての好印象を強く与えたのであろう。

このオリエントの古い大都会に、東征軍はひと月あまり滞在することになった。決戦を終えた骨休め、慰労の意味もあった。アレクサンドロスはここで、将兵全員に六か月から一〇か月分に相当する特別手当を支給し、傭兵にも二か月分の手当を出して、その労に報いているが、こうした惜しげもない大盤振舞いが、「占領軍」兵士の解放感や優越意識と結びつくとき、紀律のゆるみが表面化することは避けられなかった。バビュロンは古い昔から、有名な「歓楽の都」であった。

決戦に備えて、エジプト出発に先立ち、本国に要請しておいた増援部隊は、結局ガウガメラ会戦には間に合わずじまいだった。ギリシア本土の方で、この会戦に先んじて生起した、スパルタ王アギスの蜂起が、マケドニア本国に、兵力派遣の余裕を失わせたのかもしれない。ガウガメラの戦いにわずか先立って、アギスが敗死し、反乱が収まったあとになって、おそらく増援部隊もいそぎ編成、東送される運びになったのだろう。月余にわたるバビュロンでの長期滞留は、慰労のほかに、本国から出発を伝えられた増援部隊の到着を待つため、でもあったのではなかろうか。総数一万五〇〇〇に達する、このときの増援軍は、しかし実際にはさらに遅れて、軍がバビュロンを出発した直後から、スサにいたる途上で追いついてくることになった。

## ❖ 主なき王城スサへ

バビュロンから進発するにあたって、アレクサンドロスは、このバビュロニア州の統治をひき続き、それまでの太守《サトラペス》マザイオスに委ねることにした。旧ペルシア支配層とも、行政面で協調し合ってゆくという、かれの新しい政策路線が、ここではじめて明確に打ち出された。このことは、ガウガメラの勝利が、「アレクサンドロス帝国」形成への大きな分水嶺となった事実を示しているといえるだろう。東方人を行政長官（太守）に登用することは、これ以後スシアナ州でも、ペルシス州でも、もっと東方の諸州でも行われることになった。しかし、支配における東西の協調、というアレクサンドロスの理想が、征服の過程でそう簡単に実現されるはずがない。この新しい試みでは、かれはやがて、一度ならずにがい体験を味わされることになるだろう。

アレクサンドロスが東征の大義名分に利用した、かつてのペルシアの侵攻に対する「報復」という論理は、ペルシア帝国の首都スサ――この、今は主なき王城の地を占領するまでは、ともかくも通用したかもしれない。ギリシア人使節の往来や旅行者、商人の見聞にしても、その範囲は、帝国の政治中心でもあり、「王の道」の起点でもある、このスサあたりまでで、ここからさらに東へ、かれらの足跡がおよぶことは、まずきわめてまれだったといってよい。のみならず、アケメネス朝の統治そのものにしても、スサから東は、土着の部族や豪族の支配が伝統的に強く、せいぜいかれらを懐柔するといった程度で、決して集権的な、強力なものではない。つまり、スサからさきは、「帝国」の一部としてよりは、地方的、土着的な利害関心によって固有の動き方をする要因が、しだいに増大してくるのである。そのあたりになると、ギリシア的な戦争理由《カスス・ベツリ》などは、もはや意味をなさない。ましてやそれ以遠の地方民にしてみれば、まったく論外であるはずなのだ。現実にあるのは、生活を脅かす「侵略者アレクサンドロス」の印象だけだったにちがいない。

### ❖「ペルシア門」での惨敗

スサからペルセポリスまで、およそ六四〇キロ。土着住民のこうした姿勢は、要害の地を恃《たの》んで迎え撃つ、激しい抵抗となって各地に現れた。半独立の山地部族が、抵抗の構えで東征軍の通過を妨害するかと思うと、つぎにはペルシスの太守が、「ペルシア門」の険を固めて待ち受けていた。父祖伝来の土地を、寸土たりともあくまで自衛する、というその意気込みにおいて、たとえば小アジアの出先防衛軍が、「キリキア門」の難関を、戦わずして敵手に委ねたのとは、まったくその類を異にしていた（八五〜八六頁参照）。

アレクサンドロスは、本隊をパルメニオン指揮の下に、シーラーズ本道へと進ませ、自分はえり抜きの歩兵、騎兵部隊を率いて、真冬のザグロス山中を、直接「ペルシア門」の攻略開放に向かった。かれが正攻法でここを突破しようと決意したとき、そこには、相手の戦力に対する見くびり、というよりも、自軍の戦闘力への過信、あるいは連戦連勝のおごり、といったものが、おそらくなかったとはいえまい。「（アレクサンドロス軍が）守備兵を軽く見て、ひた押しに攻め寄せてくる、その様子を認めると、かれら（「ペルシア門」の守備隊）は、巨大な岩石を山の斜面伝いに落下させた。それらの岩石は、下方にある岩にいく度もぶつかっては、つぎつぎといっそうその勢いを増して墜落して、兵士ひとりずつを、というのではなく、いちどきにかれらの集団全体を押しつぶしてしまうのだった。その上、射出機《カタパルトス》から撃ち出される石弾や矢玉も、四方八方から（混乱した）かれらの上に射ち込まれた。……無謀にも、兵士たちをこんな窮地に追い込んだ、という苦悩と恥辱とが、王を責めさいなんだ。この日までは、向かうところ敵なし、というありさまで、あえて危険を冒すとも、かつて失敗したことはなかった。……しかし、今ここでは、もはや進んできた道を逆もどりするより以外に、打つ手はなかったのである」（クィントゥス＝クルティウス『アレクサンドロス大王史』）。

アレクサンドロスは、屈辱のにがい思いをかみしめながら、麾下《きか》の将兵に対して、楯で頭上を防御して、六キロばかり後方へ避退するよう命令した。「敵はただの一兵も斃されず、それどころか傷つきさえもしていないのに、自軍の方は、その多数の兵士が戦死し、攻撃をかけた部隊のほとんど全員が、戦闘不能の重傷を負う」（ディオドロス『歴史集録』）といった、惨澹《さんたん》たる結末である。東征出発以来はじめての、ほとんど完敗に近い敗北だった。ついでにつけ加えておくと、アレクサンドロスの参謀格の側近で、のちのエジプト王となるプトレマイオス、かれの丹念な記録に基づく東征の「正史」には、この敗戦のことは、「大きな損害を蒙った」

とごく簡単に触れてあるにすぎない。胆をつぶしたアレクサンドロス側では、「守兵四万」などと誇張して、この敗戦をいいつくろってはいるが、これがアレクサンドロスの戦術的な失策だったことは、誰の眼にも明らかだった。

かれは改めて、部将のクラテロスに敵正面からの陽動作戦を続けさせる一方で、深い雪の山中を迂回、強行突破して、背後から「ペルシア門」の要塞を奇襲し、正面からと挾撃《きょうげき》のかたちでこれを殲滅《せんめつ》する。この、ペルシス地方にはいる関門で、アレクサンドロスが直面したのは、イラン人の強烈な土着意識だったのであり、今後の戦闘の、ひと筋縄ではゆかぬ性格を、それは予告しているようであった。アレクサンドロス自身はしかし、そのことに果たして気づいていたか、どうか。

### ❖「ペルセポリス残虐事件」

ともあれ、こうしてかれは王朝の都ペルセポリスにはいった。前三三〇年一月はじめのことである。建国以来、この帝国の王城に、代々蓄えられてきた、一二万タランタという、ギリシア人の尺度からすれば気が遠くなるような、巨額の貴金属地金類も、守備軍撤退のどさくさの間に失われることなく、アレクサンドロスの軍に接収された。この都市こそ、西のわれわれにとっては諸悪の根源。征戦幾年の究極の目標こそは、ペルセポリス占領なのだ、というアレクサンドロスの日頃の叱咤《しった》激励からすれば、その目標が達成された今、何らかの具体的な苦労の仕甲斐を、将兵たちが期待したとしても、不思議はなかったであろう。

王宮の財宝御物はアレクサンドロス自身の取り分とされた。しかしその他は、この都市のいっさいが、最高指揮官である王のお墨付きによって、挙げて兵士たちの貪婪《どんらん》な、飢えた豺狼《さいろう》のごとき掠奪、暴行の餌食に供せられた。無意味な破壊が公然と行われ、婦女子に対する無差別な暴行や殺戮が、いたるところであいついだ。そのあまりの惨状に、許可を下した当のアレクサンドロス自身も、占領軍将兵の「行き過ぎ」を、逆に抑えにかからなくてはならなかったという。この、いわば「ペルセポリス残虐事件《アトロシティ》」もまた、いわゆる「正史」にはまったく記録されていない。見さかいないこの暴行の裏には、まだ記憶に鮮やかな「ペルシア門」での手痛い敗北への、それこそ「報復」が、思いのたけ籠《こ》められていたとみても、あながちに間違いではないかもしれない。アレクサンドロスはここに四か月あまり、厳冬の季節を過ごすことになるが、その間にもかれ自身は、近隣の雪深いザグロス山中に遠征を試みて、未開の山地部族を制圧するなど、贅《ぜい》を尽くした暖い王宮に、腰を落ち着けるいともなかった。

### ❖失火か放火か

そのペルセポリスの、壮麗をきわめた王宮が炎上して、灰燼《かいじん》に帰したのは、アレクサンドロスがダレイオスの所在に関する情報をえて、北上追跡の準備にはいった、晩春の一夜のことだったらしい。一九三〇年から四〇年にかけて、ヘルツフェルト、シュミットらがこの王宮址を組織的に発掘調査した結果、宮殿炎上の事実であることが確認され、また焼け落ちた宮殿の規模や構造なども、はじめて明らかになった。クセルクセス一世の有名な百柱殿址では、床上におよそ一メートルもの木灰が層を成して堆積していた。分析の結果、それは天井を支える良質の杉材の灰で、たる木は実に一八メートルもの高さから、燃えさかる炎のなかに落ち込んだらしいことも判明した。謁見殿《アパダナ》も宝蔵も、この大火災の延焼を免れることはできなかった。

失火か、放火か。放火ならば、誰がなぜ火を放ったのか。公式の発表によると、これは、「報復戦争」完遂を告示する目覚ましい象徴として、アレクサンドロス自身が「慎重考慮の結果」、火をかけたのだという。今日多くの研究者は、この理由づけにいちおう納得しているようにみえる。最近はまた、従来ペルシア帝国に臣属してきた東方の諸民族に対して、アレクサンドロスが「解放者」としてやってきたことを宣明する、そのための、これは政治的宣言ともいうべきものだったのではないか、と推測する説もある。いずれにせよ、こうしたいわば「大向こうを意識しての放火」説には、当時からも一部に疑いが持たれてきたらしい。私もおかしいと思う。

当時すでに、ペルシア人との協調という、新しい政策路線に一歩踏み出していたはずのアレクサンドロスが、なぜこと新しく「報復」戦争の大義名分を、こんなにも劇的なかたちで演出するだろうか。今踏み出しかけている新しい協調路線が、これまでの戦争の論理と背反することを、アレクサンドロスが自覚していればいるだけ、「報復」論はむしろなしくずしに薄め消してゆくことこそ、かれには有利なはずで、今報復の達成を大々的に打ち上げることは、かえって「寝た子をおこす」ようなことになりはしないだろうか。それに、復讐意識が高揚した占領直後ならばともかく、冬を越し、まもなく進発しようとするこの時点で、報復完遂の勝鬨《かちどき》とは、いささか唐突にすぎるように思えないでもない。

「俗伝《ウルガタ》」としてこれまで軽く扱われてきた、今ひとつの史料は、これについてひとつの逸話を伝える。一夜、例のごときマケドニア式の、乱酔不覚におよぶ酒宴が開かれたとき、アレクサンドロスにはべったアテナイ生まれの美妓タイスが、なかば酔余の戯れにかれの名声欲を刺激し、放火をそそのかしたため、乱酔の王は彼女の煽動に乗って、衝動的にみずから放火の先がけになった、というのだ。松明《たいまつ》の火が豪奢な壁掛や木製の調度などを伝って、炎々と燃えひろがったとき、失火とみてあわてて消火に駆けつけた兵士たちは、そこに、もはや取り返しのつかぬ所業で酔いも覚め、後悔に茫然《ぼうぜん》と突っ立っている、かれらの王のすがたを見いだした、というのである。放火はむしろアレクサンドロスの「酔余の衝動の結果」だった、とみるのが自然かもしれない。

## ❖大義名分を清算

メディアの首邑エクバタナ、現在のハマダンは、ペルセポリスから西北におよそ七二〇キロ、アケメネス朝時代をつうじて夏の都がおかれた、高原の快適な町である。ガウガメラに敗れたダレイオス三世は、戦後ザグロス山脈を東に逃れて、この町からアレクサンドロスの動静をうかがっていた。スキタイ人など近隣諸族の援助もえて、このメディアの地では何とか踏みとどまろうという意図も、なくはなかったらしい。しかしアレクサンドロスの執拗な追跡企図が現実に明らかになると、ダレイオスとその側近が計画した防衛線は、メディア東部の「カスピ門」あたりまで引き下げられ、さらにもっと東の方へと、後退を強いられるほかはなかった。

戦略も戦備も不十分な抵抗計画に悲観的な見通しが強まるにつれて、ダレイオスの側近の間にはひそかに、新しい動きがおこりはじめていた。帝国の危機に救援を期待したスキタイ人たちが、その動きさえ見せないのは、「王のなかの王」の威信がいかに失墜したかを暴露《ばくろ》したものだ。今こそ実力あるものが、代わって抵抗を組織すべきときではないのか――。おそらく当初のメディア固守の計画にしても、「カスピ門」防衛への作戦案後退にしても、それらはもはやダレイオスの意思ではなかったのであろう。

やがて側近中の実力者ベッソスは、一挙に東北辺境のバクトリアまで後退して、そこで抵抗持久戦に移ることを決意し、それと同時に、今は厄介な荷物にすぎなくなったダレイオスを、馬車のなかで拘禁する非常手段に出た。クーデタというには、相手はもはやまったく無力の、流亡の国主でしかないのだ。ベッソスはバクトリアの太守であった。

アレクサンドロスがエクバタナにはいったのは、ダレイオスが東に出発してから五日目のことだった。東征の軍は、ペルセポリスから北上の途中、本国からの新たな増援部隊六〇〇〇を受け入れて、五万を超す大集団になっていた。アレクサンドロスはこのエクバタナで、もはやたてまえとしても、ほとんどその意味を失っていた、「対ペルシア報復」の大義名分を、実体としても最終的に棄て去ってしまう。コリントス同盟軍は、もともと東征軍のなかで、戦力としてはさほど重要な位置を占めるものではなかった。第一線部隊というより、むしろ予備の戦力として、後方に控置《こうち》されるばあいもあったことは、たとえばガウガメラ会戦のときの例がそれを示している。

ギリシアの艦隊がそうであったように、同盟軍、歩騎七六〇〇の東征参加もまた、ある意味では後方の安定を保証する、人質的な意味が濃厚だったが、今ひとつかれらの参加出兵は、この東征を「ギリシア人主体の報復戦争」として名分づける、そのための道具立てとして、どうしても必要なのであった。しかしペルセポリス攻略以来、東征の性格は変わった。報復戦争の名分はすでに無用である。ギリシア本土でアギス王の反抗蜂起が潰《つい》えた今となっては、すでにかれらを人質として手許《てもと》に抑えておく必要もないだろう。アレクサンドロスはこのエクバタナで、正式にコリントス同盟軍の動員解除に踏みきり、ひき続き従軍を志願するものは、改めて傭兵として契約を結ぶことにした。ペルシア側がダレイオスという高貴な荷物を「処分」して、新たな抵抗を組織しようと企てた、そのちょうど同じ時期に、これを追うアレクサンドロスの側も、実体とは最初から大きくかけ離れていた「名分論」を清算して、今や一途《いちず》に「アレクサンドロスの戦い」を追い続けることになったのである。

## ❖ダレイオス三世の悲劇

エクバタナから、現在のテヘランに近いラガイまで約三二〇キロの道のりを、アレクサンドロスの軍はダレイオスを追って一一日で踏破した。六月下旬、真夏の炎天の下でのこの強行軍は、その間にもはやかなりの落伍者を出している。どれほど逸《はや》りたっても、将兵の休養が必要だった。五日間の大休止のあと、ラガイから一日行程の「カスピ門」を越えたあたりで、アレクサンドロスは敵の脱走者の口から、ダレイオスの身に異変がおこったことを知った。王の身辺に危険を直感したかれの、最後の全速追跡が始まった。かれはもっとも体力のある軽装歩兵を集めて、にわか仕立ての騎兵隊を編成し、本道を外れて塩の砂漠の縁辺を、近回りで突っ切ろうとする。こうしておよそ四〇〇キロの距離を、昼夜小休止の間も惜しんで駆け通した、その七日目の朝、かれらはまだはるか彼方ながら、車輌の列から上がる砂塵をその眼で確認した。今日のダムガンの近くでのことかと推定されている。

ダレイオスを擁して逃走中の一行に追いついたとき、アレクサンドロスに従うのはもはや、わずか六〇騎を出ていなかった。「数の上でも、体力の点でも立ちまさっていた」はずのペルシア軍は、しかしはじめから抵抗の気構えもなく、王を放置したまま逃げ散った。ひとりのマケドニア人の将校が、のどの渇きをいやそうとして、水を求めて道路わきに下りると、一台の埃と泥にまみれた馬車が目にとまった。車のなかには、金の鎖で縛られ、胸元を刺されてすでに息絶えている——明らかにダレイオス三世の最期のすがたが発見された。

ダレイオスのこの悲劇的な死は、しかしこのときのアレクサンドロスにとっては、この上なく時宜をえたことだったのではないだろうか。もしかれが生きて捕われたとすると、そのことは、「報復」名分論の蘇生とかれがすでに踏み出した「協調」路線との板挟みで、アレクサンドロスをどれほど困惑させる結果を生んだことだろうか。それどころか逆に、かれの死に様《ざま》は、アレクサンドロスに新たな戦闘継続のための、格好の論理をさえ与えることになった。かれは今や、ペルシア帝国支配権の正統な後継者として、先王を弑逆《しいぎゃく》した「大逆の徒」を追捕するという、「神聖な義務」を引き受けることになったのだ。主役の役替りである。しかし東征軍そのものの「実体」は、何ひとつ変わってはいない。

さしあたり、非業の死をとげたダレイオス三世のために、アレクサンドロスはその遺体をペルセポリスにある王朝歴代の王廟に移し、王者の礼をもって手厚くこれを葬らせた。またイッソスの戦いのときに、ダレイオスを護って奮戦した王弟のオクサトレス（九二頁参照）が、数日たって投降してくると、アレクサンドロスはこれを快く許したばかりか、王側近の貴族仲間《ヘタイロイ》にまで取り立てて、その厚意を示している。アレクサンドロスが踏み出した「新航路」をまだ知らない、あるいは知っても理解できずにいる、将兵たちに、「諸悪の根源」たるペルシア王族へのこうした破格の厚遇が、一種非難がましいまなざしで迎えられたのは自然でもあったろう。アレクサンドロスはそうした部下たちの反感を察して、かれらを「さまざまな贈りもので宥《なだ》めすかした」という（ディオドロス『歴史集録』）。けれども、ことはさほど簡単に解決できる問題ではなかった。アレクサンドロスがこのころから小出しに試みはじめた新政策は、やがてかれ自身が演ずる役柄と、旧套《きゅうとう》を脱しえない「東征」軍そのものの性格との、深刻な自己矛盾に突きあたらなくてはならなくなるだろう。

# III 羅針盤

# 黒い太陽

## ❖「われらの王」の東方かぶれ

カスピ海の南、交通路の要衝として、のちにパルティア王国の首都に発展する「百門の都市」へカトンピュロス。ここでアレクサンドロスは、後続部隊が追いついてくるのを待って、数日間の大休止をとった。その滞在中、兵士たちの間には無理からぬひとつの噂がひろまった。王は東征の目的がもはや十分に達成されたとして、今度こそただちに本国へ凱旋《がいせん》帰国を決意されたらしい――。ペルセポリスでもそうした風説が流れたことがあったが、今度は間違いないようだ。伝え聞いた兵士たちは一様に狂喜し、興奮した。幕舎に駆け込み、帰国の旅仕度にとりかかる騒ぎのために、噂はますます真実味を加えた。

この軍中の動揺を伝え聞いたアレクサンドロスは、急遽兵員会を召集すると、この東征の大業なかばにして、今帰国することの無意味を、過ぎ来し数々の戦勝の誉れにかけて、また未来に築くべき帝国の栄光にかけて、熱っぽく説きかつ訴える。かれはさらに続ける。王を弑逆した悪逆の徒を追いつめるまで、あともう一息ではないか。これは義のために果たさねばならぬ。この正義の戦いを完遂してこそ、われらの栄光と支配は、いちだんと不滅の輝きを放つことになるのだ――、と。広場にたむろした兵士たちは、いつの間にかアレクサンドロスが描く、争《あらが》い難い魔法の輪のなかに取り込まれてゆく。突然、アレクサンドロスが演説を打ち切ると、つぎの瞬間、熱狂し、興奮した兵士たちは、歓声をあげて「どこへでもいい、かれが望むところへ自分たちを率いていってくれるように、と訴えて已《や》まなかった」（クィントゥス＝クルティウス『アレクサンドロス大王史』六・四・一）。

　ダレイオスの殺害は、一度は四散したペルシア貴族たちにも深刻な衝撃だった。徹底抗戦を呼号するベッソス一派に見切りをつけた連中は、ぼつぼつアレクサンドロスの下に投降して来、王の側もまた、かれらとの和解を、原則として推し進めた。しかしそうした投降貴族のなかに、ベッソスの共犯者のひとり、ナバルザネスが見いだされたとき、アレクサンドロスがそのかれをしも快く宥《ゆる》し、受け入れたとすれば、さきの、兵士たちに対する、大逆犯追討のアピールとの矛盾は、いったいどうなるのか――。王の側近に重用されるペルシア貴族の数がしだいにふえるのを、一般の兵士たちにもまして不快としたのは、マケドニア貴族あるいはギリシア人などの側近幕僚たちだったろう。かれらは日常ペルシア貴族たちと接触する機会が多いだけ、征服者的意識、感情との矛盾を、より直接感じて苛立ったにちがいない。

その上、このころからアレクサンドロスが、謁見手続きなどの点で面倒なペルシア風の宮廷儀礼を採り入れたり、大王の服飾を一部借用したり、宮廷でのペルシア語の使用を認めたりなどしはじめたことも、王の「東方かぶれ」として、側近の間にひそかな苛立ち不満や不快感をつのらせていた。征服の継続と統治の再建と、その同時推進を実際にどうやってゆくか、は、ダレイオス死後のアレクサンドロスにとっては、もはや抜きさしならぬ「政治」課題だった。そしてその「再建」の方策は、ペルシア旧支配層との協調以外にはない、とかれが考えたとすれば、「征服と協調」の両面推進の論理操作は、軍の内部にも、またこれから行き向かうさきざきの地域にも、矛盾と疑惑と緊張を、おのずと高めずにはいない道理なのであった。

### ❖信頼と裏切り

「カスピ門」を東に越えてからは、ギリシア人にはほとんど未知の、荒涼たる風土がひろがっている。そのきびしい風土条件を反映してか、住民たちもまた、独立不羈《ふき》の性格が強い。アレイア地方は、スシア（現在のメシェド）を起点として、東北にメルヴを経由、直接バクトリア地方へ出る道——後の世に「シルク-ロード」として有名になる、あの交通路と、いったん大きく南下して、ドランギアナ地方（現在のセイスタン地方）からヘルマンド河谷を東北に遡り、ヒンドゥクシュ山脈を北に越えてバクトリア地方にはいる道とが分岐する、東西交通の要地である。この、重要だが掌握しにくい、アレイア地方の太守サティバルザネスが、アレクサンドロスに忠誠を誓って帰順してきたことは、かれにとっては、まことに勿怪《もつけ》の幸いと思われたことだろう。かれがダレイオス殺害の共犯者のひとりであることも、ナバルザネス宥免の奇妙な先例に照らせば、もはや問題とはならなかった。太守権安堵《あんど》という恩典も、このさい破格の優遇といってよかった。

こうして後方連絡線の安全を固めた上で、ベッソス追捕の最後の追い込みである。アレクサンドロスは、戦意を高揚し、戦闘部隊の機動性を高めるために、ここまで運んできた莫大な量の戦利品を、さしあたり必要なもの以外すべて、車輛ごと焼き棄てさせる。かれ自身の私財を満載した車輛が、将兵たちの眼の前で、まっさきに火を掛けられたことは、むろんいうまでもない。アレクサンドロスの戦略は、さきに見た二本の道のうち、後世の「シルク－ロード」の一部を直行して、直接バクトリアに進攻し、ベッソスに立ち直りの暇を与えないことだった。

臣従を誓ったはずのアレイア太守サティバルザネスが、にわかに東征軍の背後で蜂起して、本拠のアルタコアナに立てこもった、という飛報が届いたのは、軍がスシアを進発してから、まもなくのことである。アレクサンドロス自身、このサティバルザネスをいかに信用していたかは、後方基地のエクバタナと東征軍との連絡を、いつ何どき中間で分断することにもなりかねない、この重要な地域に、わずか四〇人のマケドニア人警備隊しか駐留させなかったことからも知られるのだ。この小人数から推せば、かれらはむろん反乱蜂起に備えての部隊ではない。事実、かれらに与えられた任務というのは、この地を通過してゆく東征軍の兵士たちに、不正不法行為がないよう、軍紀を保持するための、憲兵の役割にすぎなかった。そのかれらが、蜂起の最初の血祭りにあげられたことはいうまでもない。

サティバルザネスは最初からベッソスとつうじた上で、偽《いつわ》って帰順し、アレクサンドロス軍の後方攪乱を画策していたのだった。東部イランに踏み出した、その第一歩目で、アレクサンドロスは相手の策略にうまく乗ぜられたのだ。かれはただちに全速力で取って返し、この信義の裏切りに容赦ない報復を加える。用意した山砦に逃れた土着の抵抗民たちは、四方からの激しい山焼きを受けて、さながら火炎地獄のなかに自滅したが、主将のサティバルザネスは、その危地をも脱出して、バクトリアのベッソスとふたたび合流し、さらに東征軍の側背を出没常なきありさまで脅かし続けるのである。蜂起側の本拠となって破壊されたアルタコアナの代わりとして、アレクサンドロスはその近辺に、城壁を強化した新しい防衛拠点を建設する。「アレクサンドレイア-アレイオン」——今日まで存続するヘラト市がそれである。

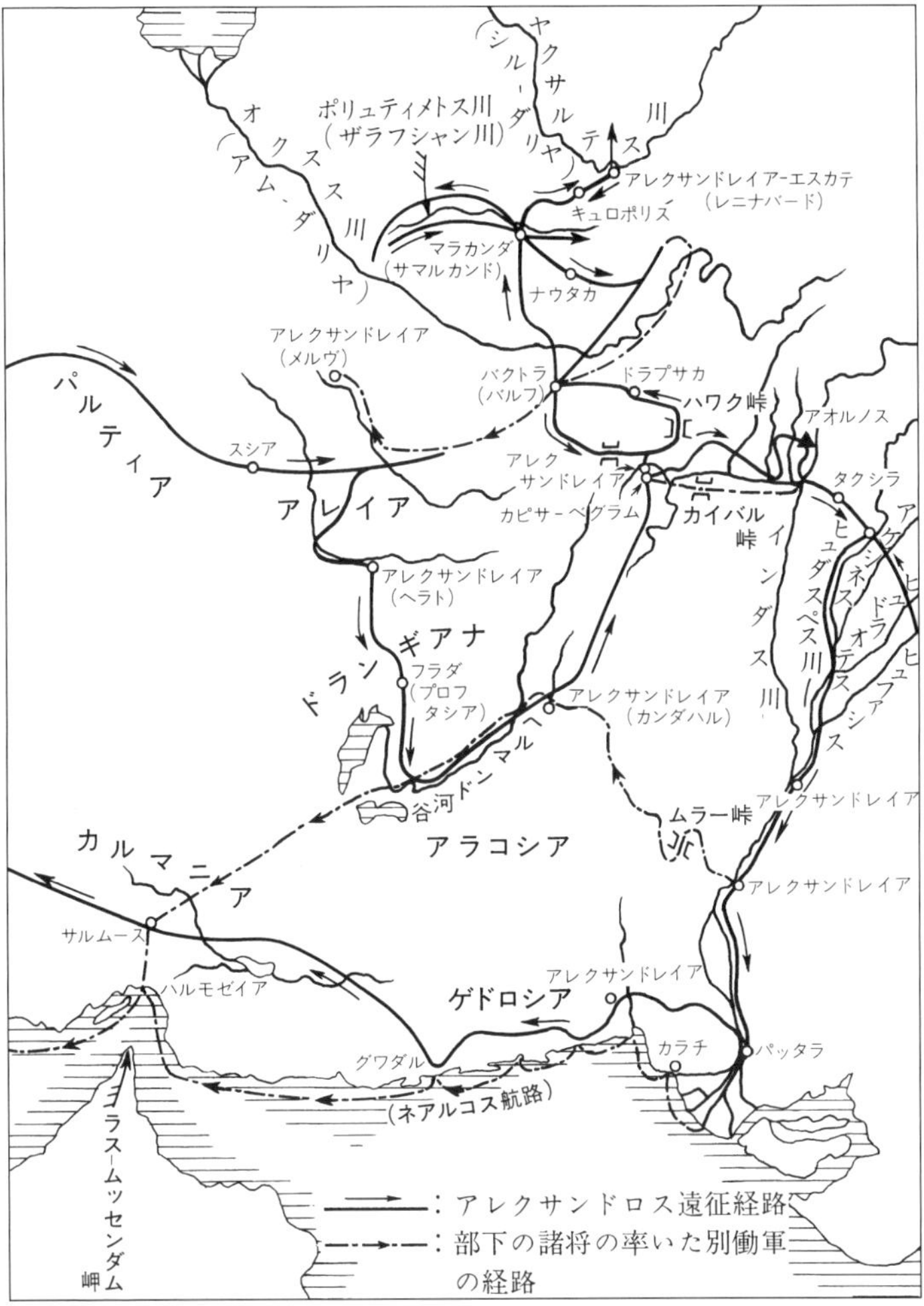


アレクサンドロスの遠征路(3)（前330年夏～324年初）

## ❖協調路線への不満

この東方人の裏切りは、信頼の手を差しのべたつもりのアレクサンドロスにとっては、たしかに手痛いしっぺい返しだった。そしてこの事件が、一部のマケドニア側近貴族たちの、投降ペルシア貴族に対する不信と敵意とをいっそうつのらせ、根深いものにしたことは明らかで、アレクサンドロス最近の「東方かぶれ」、「東方人びいき」の傾向を、なかば公然と非難するための格好の材料として利用されたのである。けれどもかれは、既定の協調路線をもはや逆もどりさせようとはしない。戦火のほとぼりもさめやらぬ、この要域アレイア州の太守権を、かれはふたたびアルサメスというペルシア人の手に委ねる。アルサメスの父親は、アレクサンドロスがもっとも信頼し、また本人も最後まで王の信倚《しんい》にこたえた、貴族アルタバゾスであった。

アレイアの蜂起をともかくも制圧し終えたアレクサンドロスは、メルヴ経由でバクトリア地方に直接進攻するという、当初の計画を捨てて、別の道、つまりドランギアナ（セイスタン）地方までいったん大きく南下する迂回路の方を進むことにした。作戦変更の理由はよく分からない。南方のドランギアナ州にも、ベッソス反逆の共犯のひとり、バルサエンテスがなお有力だったから、サティバルザネスのばあいと同じく、これが南方からアレイアを脅かす危険が考慮されたのかもしれない。

セイスタンの初秋は烈風の吹きすさぶ季節だ。季節風は連なる砂丘地帯の砂を巻き上げ、樹々の葉むらまで吹きちぎって裸にしてしまうほどの激しさである。行軍の速度もようやく鈍り、食糧もまた乏しくなったころ、東征軍はドランギアナの州都フラダにたどりついて、ここで九日間の大休止をとることになった。今日のファラに比定される町である。この町は、やがてアレクサンドロスによって、「プロフタシア」(予見の町)という奇妙な名を与えられることになった。かれはこの町で、いったい何を「予見」したのだろうか。

アレクサンドロスがペルシア旧支配層との協調路線を明らかにしてから、そうしたいわゆる王の「東方化」の傾向に対して、これを公然とあるいはひそかに批判する声が、マケドニア人側近幕僚の一部に強まったことは、前にも述べた。この東征はあくまでもマケドニア王国の発展であり、征服活動ではないか。どこまでも本国民の感情を尊重し、その利益を中心に考えてもらわなくては困るのだ。征服者と被征服者の別をみずから進んで棄て去るなど、およそまったく慮外の沙汰ではないか——。かれらはこう、互いに不満をぶちまけ合う。ギリシア人の側近にしても、もはやかつての「報復名分論」はさすがに影をひそめたにせよ、「夷狄征伐」的な、ギリシア中華意識だけは相も変わらず旺盛で、東方人の「奴隷性」を罵倒してさえいれば御機嫌といった連中が多いのだ。「フィロタス事件」と呼ばれる、謎めいた陰謀事件は、東征軍内部のこうした不協和音をひとつの背景として、このフラダ滞在中に発覚した。

## ❖仕組まれた「フィロタス陰謀事件」

事件そのものは奇妙な始まり方をする。ディムノスなる貴族仲間《ヘタイロイ》のひとりが、三日のうちに王を暗殺しようと企んで、寵愛していたある青年にその助力をもとめて、計画を打ち明けた。大逆の陰謀を打ち明けられて思い余ったその青年が、兄に相談したところ、兄は驚き怖れて、すぐに一件を、かれが知るかぎりアレクサンドロスにもっとも近い、上官のフィロタスに届け出たという。フィロタスは貴族騎兵《ヘタイロイ》部隊の総指揮官として、実戦部隊においてだけでなく政務幕僚としても、軍の実力者中の実力者だった。かれは当時、日に二回、王の幕舎に伺候して、大小によらず内外の出来事を報告するのがそのつとめだったが、このとき、王暗殺の陰謀に関する駆け込み訴えについてだけは、なぜかその後も再度、執奏《しっそう》方の依頼を受けながら、ついに王に伝えることをしなかったらしい。

時が迫っているだけに、焦った訴人は、同じく王に近づく機会のある近習のひとりに、一件の緊急取り次ぎを依頼した。アレクサンドロスもこの方面からの注進ではじめてことを知り、先手を打って暗殺の難を避けることができたという。肝腎のディムノスが、逮捕されるときに自殺したことから、陰謀そのものの真相はぼやけてしまった。そして問題はむしろ、陰謀のことをあらかじめ知りながら、王に「故意に」伝えようとしなかったフィロタスの行動に集まり、かれに対する疑惑を大きくクローズ-アップさせることになったのである。

フィロタスはアレクサンドロスじきじきの事情聴取に対して、報告をしなかったのは、訴えの筋があまりにも荒唐無稽《むけい》で、まじめに取り次いで王の心を乱すには当たらない、と判断したからだ、と釈明し、王の疑いも、それでいちおうは解けたかのように見えた。けれどもフィロタスの周囲には、もうひとつの「陰謀」が仕組まれて、すでに作動しはじめていた。フィロタスが、日ごろ「協調路線批判派」の急先鋒であることを逆手にとって、かれをこの機会に陥れようとする、アレクサンドロス側近派の「陰謀」なのである。フィロタスは副将パルメニオンの長子だった。前にも触れたことだが（五三頁参照）、アレクサンドロスの王位継承のとき、かれを支持して政情の安定化に大きく貢献した実力者パルメニオンは、そのいわば返礼として、東征軍の主要な軍職を自分の一門朋友で占めさせることに成功していた。長子フィロタスの、軍中にならびない権勢も、貴族騎兵隊《ヘタイロイ》という、この最有力の戦闘部隊を独占的に指揮掌握してきたため、だけでなく、かれこそ東征軍を支える、この「パルメニオン体制」そのものの実質的な中心人物だ、ということに基づいていた。その上かれには、マケドニア国家中心主義をかかげることで、素朴な兵士たちの間にも、広く心情的な支持がある、という自信もあった。

アレクサンドロスとしても、東征軍を完全に「自分の」軍隊とし、東西協調の政策路線を推し進めてゆくためには、何よりもまず、この「パルメニオン体制」を完全に突き崩さなくてはならぬと感じていた。クラテロス、ヘファイスティオン、コイノスといった「アレクサンドロス派」の面々は、王としめし合わせてフィロタスに嫌疑が晴れたと警戒心を解かせ、その上で不意にこれを襲って逮捕させた。きびしい拷問が加えられたが、陰謀加担の自白はついにえられないまま、フィロタスの反逆罪が強引に決定され、その日のうちに、かれは投石の刑によって処刑されたのである。明らかに政治的裁判であり、政治的判決であった。フィロタスに対する拷問と処刑とは、かれの友人仲間に深刻な衝撃と恐怖を与えた。被疑者と目されることを恐れるあまり、かれらの間には自殺者や逃亡者があいつぎ、アレクサンドロスも、関係者の追及を一時手控えざるをえないほどだったという。

### ❖死の使者、エクバタナへ

しかし最大の懸念は、息子の突然の処刑を聞いたパルメニオンが、それをどう受けとるか、にあった。パルメニオンは、当時その七〇歳という老齢を理由に、メディアのエクバタナにとどめられて、本国、後方との連絡や兵站《へいたん》の任務を託されていた。アレクサンドロスとしては、かれを後方任務に下げることで、同時にかれの、いまだに衰えない軍中での影響力を、東征軍から切り離そう、とする思惑もあったのであろう。しかし今、エクバタナにはパルメニオンの指揮下に、およそ二万五〇〇〇もの兵力が温存されているはずだった。アレクサンドロスが今、このフラダに率いている手兵は、三万を多く超えない。側近のクラテロスは王に、パルメニオン反逆の危険な可能性を指摘して、こう勧告する。「身内の敵に対して自衛なさることです。もしそれらを排除なされば、私としては、外部の敵など何ら恐れるものではないのです」と（クィントゥス＝クルティウス『アレクサンドロス大王史』）。事実はともかく、「身内の敵」といった言葉が用いられてもおかしくはない、緊張した雰囲気だったのであろう。東征軍の分裂をさえ予想させる、深刻な危機であった。

フィロタス処刑の報が先方に届かないうちに、事態を先取りして処理してしまうことが、このさい何としても必要であった。アレクサンドロスはただちに三通の書状を作らせた。一通はフィロタスから父親に宛てた、むろん偽作の手紙であり、あとの二通は、パルメニオンに宛てたアレクサンドロス自身の私信と、在エクバタナ駐留次席指揮官のクレアンドロスに宛てた、王の命令書とである。伝書使にはとくに、パルメニオンの親友であるポリュダマスが選ばれた。使者の任務が気取《けど》られないように、すべてが慎重に細工されたのだ。しかもミイラ捕りがミイラにならぬように、使者に立つポリュダマスには、命令の遂行まで、弟の身柄を人質として預けることが要求されもした。かれ自身には、この異例に厳重な命令の内容が何であるのか、むろん知らされてはいない。

フラダからエクバタナまで、砂漠を突っ切っても約一三〇〇キロにおよぶ道のりを、この伝書使は駱駝《らくだ》で駆け通して、わずか一日で目的地に着いたという。到着の翌朝、ポリュダマスと会ってお互いに久闊《きゅうかつ》を叙したパルメニオンは、まず王の私信に、かれの雄図ますます旺《さか》んなことを祝い、続いて「喜ばしげな表情で」久しぶりの息子からの手紙を読みはじめた、そのとき、クレアンドロスは隠しもった短剣で、パルメニオンに致命の一撃を加える。それを合図として、いく人かの取り巻きが、倒れた老将軍の上にあいついで白刃をふるった。伝書使のポリュダマスは、このときになってはじめて、自分が親友に対する死の使者だったことを知ったのだった。

温厚な老将軍の思いがけぬ暗殺に、所在の兵士たちは憤激した。かれらの集団は、この暗殺がアレクサンドロス直接の命令によるものであり、パルメニオン父子の明白な「反逆の陰謀」に対して断罪を加えるものだ、とするその理由を、王の命令書によって確認するまでは、殺害犯人の引き渡しを要求して譲らず、暗殺が王命によった行為であることを確認してからも、かれらの騒擾は容易に収まらなかった。フィロタスの「陰謀」事件が、それ自体ひとつの仕組まれた陰謀であり、用意された陥穽《かんせい》だった疑いが濃いとすれば、パルメニオンのこの事件の方は、これは明らかに、そこから生まれた疑心暗鬼の産物としての、政治的暗殺なのであった。兵士たちはそのことを直感したかもしれない。

アレクサンドロスとその側近が強行した、こうした粛清に対する、兵士たちの受け取り方は、フラダの幕営地でも、エクバタナのばあいと同じく、必ずしも芳しいものではなかった。つぎのような話がある。アレクサンドロスは当時、マケドニア人将兵のなかで王に反感をいだくものや、パルメニオンの死を悼《いた》むものたちをひそかに調べさせ、また信書の検閲を行って、故国への私信で王のためにならぬことを書き送ったものたちを摘発させ、そうした「好ましからざる傾向」の将兵だけを集めて、「未練成部隊」という独立の集団を編成させたというのである。一種の懲治《ちょうじ》隊で、反抗に対する見せしめと同時に、軍内部に不満がひろがるのをおさえるための、隔離手段でもあったのであろう。

## ❖ヘルマンド河谷を溯る

暗殺「予見の町《プロフタシア》」、フラダを軍が進発したのは、前三三〇年九月も末のことだった。ガウガメラ会戦からちょうど一年の歳月が経っていた。そのもう一年前（前三三二）の今ごろ、といえば、パレスティナ南端のガザの攻城戦が始まった、あの時期にあたろうか。時は出来事にみちて過ぎ去り、いかにも懸軍万里、遙かな土地へやってきたという感慨が、今さらのように深い。

ヘルマンドの深い河谷を東北の上流域に向かって溯るころには、すでに迫りくる冬の予感があった。過去二か月、ドランギアナ地方で糧秣の不足に悩まされた東征軍としては、食糧の確保だけは冬に向けての至上命令だった。「アリアスパイ」という、この近辺の種族に出くわした。もともと遊牧スキタイ系の住民らしいが、案内人の話では、その昔ペルシア帝国の祖キュロス二世の軍が、この地で飢えに苦しんだとき、これを救ったかどで、以来「恩人たち」と呼ばれてきた連中だという。それを聞いたアレクサンドロスは、アケメネス朝王統の継承者をもって自任する立場から、かれらに自治の特権を与えたが、ようやく通過地域の敵意の眼もきびしく、ゲリラの出没に悩まされることも多くなったこの地域で、これもまたおそらくは、できるだけ無事平穏に糧秣調達ができるようにと考えた上での、現実的な懐柔手段のひとつでもあったであろう。

ヘルマンド川を溯って、現在のカンダハルに近いあたりまでやってくると、それまでの荒れ果てた自然景観は、しだいに比較的豊かな風景に変わる。このあたりは、水利の便に恵まれたアラコシアという地方で、西南のアフガニスタンから、東北部の峻嶮な山々を縫って北のバクトリアやインド西北部と連絡する、唯一の回廊地帯という意味でも、その交通、軍事上の重要性は古くから注目されていた。ガウガメラ戦後、ペルシア人旧支配層との協調路線に沿って、一貫して各州の太守権をかれらの手に委ねてきたアレクサンドロスも、この州の確保が東征軍今後の死命を制しかねないことを考えて、はじめてここに練達のマケドニア人太守を任命している。その上この地方には、五〇〇〇に近い大兵力が駐留軍として残され、いくつかの連絡補給基地が建設されることになった。現在のカンダハルという都市の名は、このとき建設された「アレクサンドレイア」の音《おん》の、遠い転訛《てんか》だという。

ヘルマンド河谷を上流に溯るアレクサンドロス軍はすでに、分岐した大ヒンドゥクシュの一支脈に沿って行軍しているのだが、大山脈の白く輝く威容は、カーブルに出てからでないと、まだ望むことができない。

### ❖ヒンドゥクシュ山脈の南麓で

ヒンドゥクシュ山脈――「インド人殺しの山々」。この何か恐ろしげな名前は、往古、商人の手でイラン方面に大量に売買されたインド人女奴隷たちが、この山脈の峠越えで歩かされるうち、疲労のあまりばたばたと斃死《へいし》した、という悲話に由来するものと伝えられる。「パロパミソス」（鷲の飛ぶよりも高い山）というのがその古名だが、アレクサンドロスはこの山脈を、縛られたプロメテウスの神話でギリシア人には親しいカウカスス山脈が、東にずっと延長した、その一部分だと考えていたらしい。あとで見るように（二〇五頁参照）、アレクサンドロスはまた、インドのインダス川をナイル川に連なる、その源流だと思い込んでもいたが、こうした奇妙な考え方は、古代地理学が描いた観念的な世界構図に基づくものなのだった。ともあれかれらの前途には、アフガニスタンの東北部から西南部にかけて、あたかも恐龍の背骨のようにも蟠踞《ばんきょ》している格好のこの未知の大山脈が、大きく立ちふさがっているのだ。

深い峡谷づたいに東北に進んで、ペルシア時代からの州都カピサ（今日のベグラム。これは「廃墟」の意味だから、正しくはカピサーベグラム）に到着したころには、すでに一二月もなかばだった。厳冬季にはいった大山脈を目前に、アレクサンドロスはおそらくこの町で、翌年の春まで冬営を余儀なくされたであろう。もうここに来るまでにも、将兵の疲労はかなり顕著だった。その意味でも、前途に予想される山越えの強行軍に備えて、十分の休養は必要だったし、それに、残留させるべき傷病兵たちのことも考えなくてはならない。アレクサンドロスには休息はなかった。およそ四か月の冬営の間に、かれは州都の近くに、残留将兵のための防備集落の建設に着手し、物資の集積や後方との通信連絡にあたらせることにした。「カウカスス山麓のアレクサンドレイア」と名づけられた、アレクサンドロスの建設都市のひとつである。

## ❖苦難のヒンドゥクシュ越え

カピサーベグラムからヒンドゥクシュを越えるには、バーミヤン盆地を通ってシバル峠（二九八七メートル）を経由する西回りの道と、ハワク峠（三五四八メートル）経由の東回りの道、それに中央部を踏破する高峻なサラン峠越えの道、と三通りのルートがあった。翌、前三二九年の春、ふたたび前進を始めたアレクサンドロス軍が、このうちのどのルートを通ったかは、実ははっきりしない。西回りか東回り、そのいずれかを選んだと思われるが、苦難にみちた雪山越えを活写した記録には、おそらく後者によったきびしい体験が反映しているにちがいない。通過に、より容易な、シバル峠経由ゴルベンド渓谷沿いの前者のルートにはたぶん、高く狭い狭間《はざま》を利用してのベッソス側前哨部隊の要撃が偵知されたのかもしれない。それは、かつての「ペルシア門」における惨澹たる敗戦を、ふたたびくり返すおそれなしとしなかったであろう。

三五〇〇メートルを越える山越えの苦難は、しかし予想をさらに上まわった。早春とはいえ、まだ冬山の細い峠道は、雪なお深く、凍てつく寒気は、装備用具も不十分な将兵にきびしい苦難を強いた。そのありさまを史料から抜萃して、つぎに引用してみよう。

……深い雪は地面を覆い、氷と、ほとんど永劫《えいごう》に続く寒気とによって固く氷ついている。そのため、鳥が舞い降りた痕ひとつ、獣たちが通った足跡ひとつ、目につかないのだ。将兵たちはこの、すべて人間のいとなみから遠く見放されたような状況のなかで、飢え、凍《こご》え、疲れ、絶望など、およそ耐えうるかぎりの苦難を耐え忍んだ。雪の異常なきびしさは、多くの将兵を死にいたらせ、多くのものの足に凍傷をおこさせ、さらに多くのものは、ために雪盲となった。疲労困憊《こんぱい》したものにとって、それはとりわけ有害だった。つまりかれらは、(力尽きると) ほかならぬ氷の上に、精力を使い果たしたその身体を投げ出してしまい、かれらがいったん動くのをやめたが最後、ただちに凍《こご》えの力が襲いかかってきて、ふたたび起ちあがろうと力を入れても、もはやそれすらかなわぬほどに、身体を固くこわばらせてしまうのだ。しかし戦友たちの手で、かれらは何とか恍惚《こうこつ》の状態から励ましおこされる。（本人のためには）前進するようにと無理強いされる以外に、ほどこす手段《てだて》はないからだ。そのうちに生命の熱でもって活気づいてくる、そのときになってようやく、何ほどかの力がかれらの肢体に蘇えってくるのである。

もし軍中の誰でもよい、土民の小屋にたどりつくことができたら、かれらは見る間に元気をとり戻すのだった。けれども幻覚甚だしく、人間の住まいを、それとはっきり視認させるものといえば、立ちのぼる煙のほかには何もないほどだった。これまで一度も異邦人を自分たちの土地で見たことがなかった土民たちは、突然に武装した人間たちを見つけると、魂消えるばかりに驚き怖れて、小屋のなかにあるものは何でも持ち出してきて、ただ自分たちの生命ばかりは助けてくれるようにと、哀願するのだった。王（アレクサンドロス）は、行軍の列を巡回して見まわり、困憊して倒れている兵士を見かけると、元気づけて起たせ、辛うじて追尾してくる兵士には、自身の身体で支えてやって励ましたりした。あるときは先頭に立ち、あるときは列の中程につき、またあるときは列の最後尾に、という風に、かれはさまざまな苦労をしながら、いたるところに駆けつけるのだった」（クィントゥス＝クルティウス『アレクサンドロス大王史』七・三・一二―一七）。

## ❖バクトリアのベッソス

カピサ＝ベグラムを出発してから一七日間の苦しい山越えのあと、軍はやっと大山脈を背にしてドラプサカ（現在のクンドゥズ）の町に到着した。ここはもう、古くから肥沃をもって知られる、バクトリアの地だった。寒さと飢えのなかで、東征の軍は今や人馬ともに疲れ、行軍の隊列も乱れていた。戦力はほとんど最低の状態にあった。精強なバクトリア騎兵隊がこの好機に集中攻撃を仕掛ければ、それを効果的に阻止することはアレクサンドロスにも、あるいは困難だったかもしれない。しかし、ベッソスはそれをしなかった。そのかわりに計画した焦土作戦も徹底を欠いて、東征軍に打撃を与えることができず、かれはほとんど一戦も交えることなくして、オクスス川（アム＝ダリヤ）の北へ、いち早く逃走してしまう。

四か月ほど前、アレクサンドロスがヒンドゥクシュ南麓の冬営地ベグラムに到着したとほぼ同じころ、遠くアレイアの地方ではふたたび危険なゲリラ蜂起があった。かつて叛旗をひるがえして、したたかな抵抗ぶりをみせたサティバルザネスが、またしても挙兵の中心だった。アレクサンドロスの進攻を正面から迎え撃つ予定の、ベッソスのバクトリア防衛戦略と連繫して、東征軍の背後連絡を断とうとする作戦なのだった。東征軍のこの背後の危機はしかし、サティバルザネスが戦死したことで、辛うじて回避できたが、もっと重大なことは、かれの戦死で作戦の一翼が崩れたと考えたベッソスの方が、主作戦のバクトリア防衛までも、そのためにあっさりと放棄してしまったことだった。しかし、収まらないのはバクトリア土着の、八〇〇〇の騎兵隊である。逃走一途を思うこのベッソスの、怯懦《きょうだ》と戦術の拙劣とに見切りをつけたかれらは、かれの指揮のもとから離脱して各地に四散した。けれどもただ四散したのではない。それがやがて、かれらなりの独自の抵抗戦を組織するためだったことは、あとで判明する。

バクトリア地方には砂礫《されき》の砂漠地と肥沃なオアシス地とが混在していて、それぞれを住地とする遊牧民と農耕民とは、その長い歴史をお互いの不信対立のなかで形成してきた。この地方を全体として制することは、この地方の富源を自由にすることだった。豊かな穀産ばかりではない。この地方は砂金、銀やルビーなどの鉱産のほか名馬の産でも知られ、またバダフシャンの東北高原には、ペルシア帝国中で唯一とされたラピス＝ラズリの産地もあった。この地方の村のつくりは、これは北のソグディアナでもそうだが、生活様式を異にする遊牧民との不断の対立緊張を反映して、自衛防御の構えを強く現している。泥煉瓦《れんが》の高い防壁を周囲にめぐらせた、その壁の内側に、住居が密着して並び、まん中の広い空地は、家畜用の共同の避難場所にとってある。防壁の四隅には頑丈な防備塔がまわりをいつも警戒し、入口の両わきの物見櫓には、交代で見張りが立つ——。集落はどこも、おおよそこうした構造で共通している。

こんな村落や少し大きな町を制圧すること自体は、アレクサンドロスにとっては、むろん何ほどの困難もなかった。それどころか、首邑のバクトラ（古イラン名ザリアスパ、現在のバルフ）をはじめ、バクトリア地方の主な拠点は、ほとんど抵抗らしい抵抗もないままに降伏した。アレクサンドロスはバクトリアの要地を制圧すると、その勢いに乗ってオクスス川を北に越え、ソグディアナの地にベッソスを追うのである。

# 烽火

### ❖「砂が燃える」

バクトラからオクスス河畔までは、およそ八〇キロ、砂礫の砂漠が続く。つい二か月ほど前に、極寒のヒンドゥクシュを凍《こご》えながら踏破したばかりの将兵や軍馬は、今度は一転して、灼《や》けつくような砂磧《させき》の進軍に苦しまなくてはならなかった。「灼熱《しゃくねつ》した夏の太陽は、砂を燃え立たせる。砂が燃えはじめると、あらゆるものが焼き尽くされる、そのありさまは、まるであたり一面火の海になったのと違わない。そうなると、度はずれた地上の熱気がひきおこす靄《もや》は天日をさえぎり、茫々とひろがる砂地の見かけは、あたかも広く深い海のさまと異なるところがないのだ」（クィントゥス＝クルティウス『アレクサンドロス大王史』）。一九世紀の末にタクラマカン砂漠を横断探検した、スウェーデンの地理学者スウェン＝ヘディンも、その砂漠の西の縁辺ですでに、四月の日中直射温度が摂氏六三・五度にのぼり、午後二時の砂の温度も五二・七度にまで達したことを、その『中央アジア探検記』のなかに記録しているが、「砂が燃える」という表現は、まことに体験したものの実感だったにちがいない。

クレイタルコスの史料が誌《しる》すところをもう少し引用しよう。「乾きは、ありとあらゆる自然の水気《みづけ》を吸いとってしまう。口も五臓《ぞう》六腑《ぷ》も、とことんまで、乾上《ひ》がってしまうのだ。その結果、まず最初には気力が、つぎには体力が、頽《くずお》れはじめる。そうなると、立っているのも、前に進むのも、嫌《いや》になってくるのだ」（クィントゥス＝クルティウス『アレクサンドロス大王史』）。アレクサンドロスは、オクスス河畔に到達した先着の部隊に、小高い丘で火を焚《た》かせ、それを後続部隊が集合する地点の目安にさせたという。隊列はおそらく、こうした砂漠行軍の過程で、もはや指揮官たちも掌握しきれないほどに、乱雑になってしまっていたのであろうか。アレクサンドロスは、「部隊がたどりついてくる道のわきに立ちつくして、部隊全部が通りすぎるまでは、食べものも飲みものも口にせず、武装も身につけたままで、わが身の休息のために退《さが》ろうとはしなかった」（クィントゥス＝クルティウス『アレクサンドロス大王史』）。この炎熱下、長途の行軍で疲弊した将兵の犠牲者は、必ずしも少なくはなかったらしい。しかし、アレクサンドロスの「正史」は、ここでもこの苦難について、まったく触れてはいない。

## ❖無気味さをはらむ無血征服

今日、オクスス川を渡る主な渡河地点になっているのはテルメズだが、アレクサンドロスが選んだのは、そこから一〇〇キロほど下流のキリフあたりだったらしい。平均二キロの川幅を持つこの川は、キリフ付近で一キロあまりに狭まり、それに流れも淀んだ、格好の渡河地点がそのあたりに見つかったのであった。船という船は、むろん北走するベッソスがすべて焼き払っていた。付近には利用できるほどの樹木もない。アレクサンドロスは、皮天幕に乾草をつめて縫い合わせ、即製の浮袋をつくり、これを連ねて浮筏《うきいかだ》に仕立てた。かつて北方遠征のさい、イストロス（ドナウ）川を渡るのに用いたあのやり方である（五八頁参照）。

対岸にひろがるソグディアナは、砂礫の荒れ地が続き、丈の低い檉柳《タマリスク》が点在するほかには、目をとめるものもない。ただベッソスを追う執念が、アレクサンドロスを駆って、この地へと足を踏み入れさせたのだ。そのベッソスは、しかしほどなく、仲間割れのために、裏切られてアレクサンドロス軍に引き渡され、やがてかれの身柄はバクトラに移されて処刑された。となると、アレクサンドロスは、はるばるこの辺境まで遠征してきたその第一の目的を、これで果たしたことになるだろう。あとは単なる平定戦と思われた。かれは勢いを駆ってさらに北上した。事実、抵抗もなく、この地方の首邑マラカンダ（現在のサマルカンド）は簡単に陥ち、軍はさらに東北進して、一挙にヤクサルテス（シルーダリヤ）河畔まで進出した。

しかし、征服者の前に畏怖しているかに見える、現地の土着民の眼と沈黙とは、何かを含み、何かを予期しているごとくである。糧秣の徴発に出かけたマケドニア人の小部隊が、思いがけず土着民の集団に襲撃されたのは、この最北辺の地において、であった。これが大反抗の最初の烽火《のろし》だった。ひそかに準備した嶮阻な山砦に立てこもって、反撃に出た土着民は、その後、実に三万におよんだ。蜂起の実体を知らぬまま、討伐に向かったマケドニア軍は、はじめ「多数の負傷者を出して撃退され、アレクサンドロス自身も矢傷を負って」（アッリアノス『アレクサンドロス東征記』）、後退するありさまだったという。やがて態勢を建て直した東征軍に包囲されると、激しい抵抗の果てに生き残った男たちは、多く断崖から身を投じて死んだ。捕えられたおよそ八〇〇〇人は、おそらくその大半が婦女子だったのであろう。

アレクサンドロスがヤクサルテス河畔に残る、ペルシア時代のさびれた前哨《ぜんしょう》拠点を再興して、その防備都市化を企てたのは、「正史」が伝えるように、「川向こうの遊牧民の侵攻を防ぐため」もむろんあったにせよ、もっと直接的には、足許の虚をつかれた格好の、この土着民蜂起に対する、応急対策だったとみるべきかもしれない。「さい果《エスカテ》てのアレクサンドレイア」と命名されたこの新建設都市は、おそらくのちのコージェンド、現在のレニナバードに比定される町であろう。

## ❖大反攻の火の手

この新防備都市の建設もまだ緒につかないうちに、早くもつぎの火の手があがった。危機は、今度は背後におこった。スピタメネスの率いる土着民が、首邑のマラカンダを攻囲したという。このスピタメネスは、例のベッソスに見切りをつけて、これをアレクサンドロス側に引き渡した、バクトリア土着の豪族だった。ベッソスの引き渡しにせよ、その後しばらくの戦略的無抵抗にせよ、アレクサンドロスが相手の出方に気を許した面があったことは、争えない。その上アレクサンドロスは、このスピタメネスが、土地住民の広汎な反抗気構えに支えられて、いわば民衆的な規模での蜂起を領導しているのだ、ということに、このときまだ思いおよんでいなかった。かれはとりあえず、貴族騎兵部隊《ヘタイロイ》から六〇騎、傭兵騎兵部隊から八〇〇騎を抽出し、それに傭兵歩兵部隊一五〇〇を加えて、マラカンダ守備隊の救援に派遣した。派遣部隊の指揮官に、通訳官のファルヌケスを充てたのは、おそらく戦闘よりも話し合いで、事が解決できる公算が大きい、と判断したためだったろう。しかし、その判断はあまりにも甘すぎた。

後方不安に対するアレクサンドロスの認識の甘さは、わずかそれだけの手当をしたきりで、しかもそれに任せきりにし、自分はヤクサルテス川を渡ってさらに北にまで、挑戦的なスキタイ遊牧民を追撃に出かけていることにもうかがえるのだ。かれが炎天下に水質の悪い水を飲んで、激しい下痢になやまされ、砂漠の奥まで追撃するのを中止したのは、背後におこりつつある危機の重大さを思えば、まったく幸運というべきだったろう。

マラカンダに派遣された救援部隊の方は、戦術的に退却するスピタメネス軍のあとを無思慮に追撃して、砂漠の縁にまで巧妙におびき寄せられ、にわかに反撃に転じてきたスキタイ人騎兵隊のために、逆に大損害を蒙った。辛うじて危地を脱した部隊はしかし、やがて再度ポリュティメトス（ザラフシャン）川の川中島に追い込まれて、ここで文字通り包囲殲滅されてしまった。「正史」の記述は、通訳官の全体指揮に対する、同僚指揮官たちの不満と不服従とが、この大敗北を招いたのだ、とやや弁解がましい。しかしいずれにしても、これが戦術的にみて文句なしの惨澹たる敗戦だったことは、否定すべくもなかった。アレクサンドロスは、ほんのひとにぎりほどの生還者に対し、違反者には死刑をもって、作戦経過に関する厳重な緘口《かんこう》令を出したという。深刻な全滅の噂で、軍中に動揺がひろがるのを防ごうとしたのであった。

### ❖「侵略者」に対する人民戦争

すでに反抗の炎は、各地に燃えさかっていた。土着の首長たちは、もはやいかなる宣撫《せんぶ》工作をも受けつけず、政治的交渉への呼び出しに対しても、それを詭計《きけい》とみて、かえって連繫蜂起した。都市に駐留するマケドニア軍守備隊は、各地で襲撃され、分断され、そして全滅した。

これに対するアレクサンドロスの報復もまた、残酷をきわめた。蜂起の最大の拠点となったキュロポリス（現在のウラ－チュ－べか）では、八〇〇〇人が惨殺され、ガザ（現在のナウか）やその他の町でも、男たちは例外なく殺戮の、婦女子は掠奪暴行の、対象になったという。

マラカンダはふたたびスピタメネスに包囲された。ひとたびこれが陥されると、アレクサンドロスが戦略上、いちじるしく劣勢に追い込まれるのは明らかだった。かれは七〇〇〇の兵を率いて、およそ二九〇キロを三昼夜で駆け抜けて南下したが、そのときスピタメネスは、ふたたび逃げ水のように、西の草原のかなたに消えさっていた。

すでに秋であった。ソグディアナの地には、三〇〇〇の守備軍を残して、アレクサンドロスは冬営の準備にはいるため、オクスス川を南へ渡ってふたたびバクトラに帰る。東征進発以来、最悪のこの一年であったことを、かれはにがい回想とともに認めざるをえない。この一年間の行軍の苦難と戦闘の激しさとを物語るように、実戦兵力も今は二万五〇〇〇程度にまで減少していた。けれどもこの、前三二九～二八年の冬営の間に、ギリシア傭兵を主とした二万二〇〇〇におよぶ、東征軍が受け取ったものとしては最大規模の、増援部隊が折よく到着した。この大増勢は、軍中の沈滞した士気をかきたて、アレクサンドロスに新しい闘志と展望とを蘇えらせる活力となったにちがいない。

前三二八年の春がめぐってきて、ふたたび作戦シーズンにはいると、アレクサンドロスはただちに北上してソグディアナに進出した。冬の間にスピタメネスが、民衆の抵抗組織を強化していることが予想されたからだ。かれの策動は、すでにバクトリア地方にまで浸透していた。冬営中に大増援軍をえたアレクサンドロスは、同時多発のゲリラ遊撃戦に機動的に対処するため、歩兵と騎兵とを混合して、新しい独立の戦闘単位を編成し、地域割りで、独自に作戦と治安とを一括分担させることにした。しかし肝腎のスピタメネスは、西の草原地帯から、むざとはおびきだされない。

そのころアレクサンドロスは、新編成の六個の作戦軍に対して、「反乱をおこしたものたちは、すべてひとしく、戦闘の災厄によって虐げられるべく、かれらの田畑には火をかけ、成人の男たちはすべて殺戮すること」を命じたという（クィントゥス＝クルティウス『アレクサンドロス大王史』）。これはもはや、みな焼き、みな殺し、みな奪え、というあの、人民ゲリラ的な反抗地域に対する無差別破壊戦略以外の何ものでもない。同時にそれは、アレクサンドロスの心理的な焦りの反映であり、みずからを督励する命令でもあったろう。それにしても、アレクサンドロスの、「協調」と「征服」との同時推進とは、いったい何なのか。果たしてそれは、実体において何を意味するのか。アレクサンドロスの遠征日程は、今このソグディアナにおいてはじめて、大きく狂いはじめた。「勝つ」ということが、「状況」をみずからの意志で左右する地位に立つことだ、とするならば、アレクサンドロスは果たして今、「勝って」いるのだろうか。今やかれは、自分ならぬ他者の、意志によって、この東北辺陲《へんすい》の地に無理やりひき留《とど》められ、奔命に疲れさせられている、といったありさまではないか——。

## ❖「クレイトス刺殺事件」

「クレイトス刺殺事件」は、このような苦戦の時期におこった。前三二八年の夏、マラカンダの仮の宮廷では、神出鬼没のスピタメネスの幻影を追う激語のみ高く、しかし出撃した部隊からの報告は、いつまで経っても無意味な破壊や殺戮の「戦果」にしかすぎない。しかも反抗は各地に続発して、いっこうにその跡を絶たないのだ。つのる焦燥感と炎熱の天地のなかで、人々は酒宴にわずかに散鬱の場を求めようとする。マケドニア式の痛飲で酒宴は荒れ、口論があちこちに始まった。いつも見馴れた光景である。しかし、その宵は問題が深刻だった。スピタメネスと戦い敗れて死んだ部将を嘲笑するていの諷刺詩を、王のお気に入りの従軍詩人が即席に歌ったことに、クレイトスが猛然と抗議したのだ。怯懦か不運か。生き残っているわれわれのうちの、いったい誰に、死者を怯懦ときめつけるだけの資格があるというのか——。激論数合、激昂する王に対して、クレイトスは面を犯していう。東方的な専制王になりおおせたアレクサンドロスを見ずして死んだものこそ、倖せ者よ、と。マケドニア国家中心主義の立場からする、王の「東方化」傾向への鬱積した不満が、どうしようもない底流として、かれの心の奥深くにはあった。あとは酒の勢いであり、激情のほとばしりであった。

クレイトスが、「一将功成りて万骨枯る」といった意味の、エウリピデスの詩句を口にしたとき、アレクサンドロスは我を忘れた。そしてクレイトスは、あえなくかれの槍先に斃れた。とっさの間の出来事だった。我にかえった王は、手にした槍を逆手に構えて、おのれの咽喉を刺し貫こうとする。幼いときからの親友をみずからの手で刺殺したことへの、悔恨《かいこん》と自責の情は、ただ深く、激しかった。狂気《アテー》にとり憑《つ》かれた自分自身を恥じ、そして責めるかれの心情の真率さを、ここで疑う必要はない。ただひたむきに鋭角的に、そして自己中心的に行動するアレクサンドロスであった。五万の軍を統率する責任の問題は今、かれにとって、考慮にも上《のぼ》らないかのごとくであった。

クレイトスの事件によって明るみに出たのは、軍指導部の政策上、理論上の対立というよりも、むしろ伝統保守的なマケドニア人やギリシア人側近たちの、王の「東方化」傾向に対する、素朴な反発感情なのだった。民衆兵士とも親しげに立ち交わってきた「われらの王」が、厚く豪奢な帷《とばり》に囲まれた、高い玉座の上に離れ去って、幾重にも煩《わずら》わしい宮廷儀礼をくり返した末に、やっと拝謁が許されるようになる。しかもその王のまわりには、宮廷の雰囲気にもの馴れた、ペルシア貴族の宮内官たちが、わがもの顔に王を取り巻いて居流れている——。アレクサンドロスの、戦陣における日常は、むろんこうした状況とは大きくへだたるものではあった。

けれども、一度スサの、あるいはペルセポリスの豪壮な大宮殿、黄金の天蓋を持つ華麗な玉座を、じかにその目で見た将兵たちにとっては、こうした雰囲気のなかにアレクサンドロスを移し入れて想像してみることも、決して非現実的なこととは思われなかったのであろう。

すでに述べたように（一三五頁参照）、事実アレクサンドロスも、ダレイオスの死によって帝国統治の再建を、もはや抜きさしならぬ政治課題として、その身に引き受けて以来、ペルシア人旧支配層との協調を基礎とする以上、対等の立場でのかれらの処遇、行政制度面でのペルシア伝統の踏襲、ペルシア語の公用語扱い、といった措置は、最低限度避け難いところだった。アレクサンドロス自身も、保守的なギリシア、マケドニア人の、これらに対する反感を、むろん読みとっていないわけではない。そして、ペルシア風の豪奢な王衣や王冠《ティアラ》は採らず、簡素な髪飾り《ディアデマ》だけにとどめる、といった細かな配慮を怠ってはいないのだ。かれはマケドニア王として、また新しいペルシア王として、ふたつの違った伝統、雰囲気の「宮廷」を維持せざるをえなかったし、そのそれぞれにふさわしいふたつの顔を、使い分けなくてはならなかった。しかし、それとていずれは、ひとつに統一されるべき筋合いのものであろう。

### ❖「跪拝礼」採用の試み

王の協調政策に協力的なマケドニア人側近のなかにも、そのことを進言するものがあった。

ペルシア王に対する謁見の「跪拝礼」
（ペルセポリス王宮のレリーフ）

全アジアの王としての地位権力は、ペルシア風の「跪拝の礼《プロスキュネシス》」によって敬重されてしかるべきもの。あまりにも猥《みだ》りがわしい印象を与えるマケドニア的な君臣のあり方は、跪拝《きはい》こそ大王の高い権威にふさわしいと心得てきた東方人たちの間で、王の威信を落とし、アレクサンドロスが果たして本当の王かどうかをさえ、疑わせる因《もと》になりかねないだろう——と。

　跪拝はもともと、ペルシア宮廷に伝統的な、大王への拝謁礼法で、その形式は、身分によって多少の違いはあるが、膝《ひざ》まずき、右手の指先を唇にあてて投げキスの形をとるのが、その古典的な作法であった。少なくとも五体投地あるいは叩頭《こうとう》風の形式は、このばあい問題ではなかった。しかしギリシア人の考え方からすれば、跪拝の対象となるのは、どこまでも神でなくてはならない。人間に対して跪拝の礼をとることは、相手がたとえ大王であっても、瀆神《とくしん》の行為であるばかりか、同じ人間同士である以上、人間としての誇りをみずから汚す自卑の行為とも思われた。かつてペルシア王に謁見したあるギリシア人の使節は、跪拝の礼を要求されて、意識的に指環を床に落とし、それを拾う姿勢をとることでもって、辛うじて要求された儀礼を「形式」的に果たしたという。慣習に従ってアレクサンドロスにも跪拝の礼をとるペルシア人貴族のすがたは、これを奴隷的として蔑視するギリシア人やマケドニア人たちに、格好の嘲笑と侮辱の種を提供していたのであった。

跪拝礼採用の問題をひとつの突破口として、伝統保守のギリシア人、マケドニア人を、ペルシア人との調和・協調路線へと引き入れること――それは同時に、王の本来あるべき威儀を正し、その権威を外に高めるゆえんでもあるにちがいない――。王の側近はこう考える。まだ試みの段階とはいえ、アレクサンドロスが正面きってギリシア人の伝統的意識に挑戦したのは、このときがはじめてであった。

### ❖追従と信念の間

前三二七年春の一夜、アレクサンドロスはバクトラの仮の宮廷で側近幕僚を晩餐に招き、続いて型のごとく酒宴を催した。参会者はその宴席で、あらかじめ指示されていた通りに酒盃を受け、王の前に進んで跪拝の礼を行い、親愛のキスを互いの頰に交わし合ってから座にもどる、こうした順序の作法を行う定めだった。ギリシア人にせよマケドニア人にせよ、跪拝を行うことに人格的な屈辱を感じたり、また跪拝の要求に王権の神聖絶対化が企てられているのではないか、と「邪推」したりするおそれがあるならば、そうした屈辱感や疑惑は取り除かなくてはならぬ。そこがきっと工夫のしどころだったであろう。跪拝の礼をすませたあとで、王と親愛のキスを交換する、この仕草こそ、おそらく跪拝の礼が、従来の君臣間にあった「仲間性」を変えるものでは決してないこと、ましてや王がみずからを神の座に高めようとするような、不遜《ふそん》の意図に出たものではないことを、態度で表明しようとした、王の配慮の現れだったのではないだろうか。ともあれ、跪拝礼の採用計画は、アレクサンドロスにとっては、まったく東西融和、対等化の一歩前進という意図以上に出るものではないのだった。

にもかかわらず、故障はやはりおこるべくしておこった。アリストテレスの甥《おい》で哲学者のカッリステネスが、跪拝の礼をとるのを拒否し、そのことを側近から気づかせられた王も、親愛のキスを拒むことで、座がにわかに白けてしまったのだ。この種の、いわば心理実験は、ただひとりの反対者が出ても、その効果は台なしどころか、かえってマイナスにもなってしまいかねない、それほどデリケートな問題なのだった。マケドニア人、ギリシア人にも跪拝礼を行わせようという企ては、かれの反対のために放棄され、もはや二度ととり上げられることがなかった。

カッリステネスは王側近の御用歴史家として、アレクサンドロスの偉業と個人的な卓越とを顕彰することに努めた人物である。かれの記述は、しばしば過度に追従的でさえあった。けれどもそのかれにとっても、アレクサンドロスを「神の子」という後光のなかに置いて飾り立て、宣伝するということと、王自身を現人神《あらひとがみ》として礼拝するような態度に出る、ということとは、本来まったく別のことでなくてはならない。こうしてギリシア人の伝統的観念は、思いがけずもこの「追従者《コラクス》」カッリステネスにおいて、そのもっとも頑固な代弁者、擁護者を見いだしたのであった。カッリステネス本人は、この抵抗を、とるにも足らぬ些事《さじ》と考えて、別に気にもとめなかったらしい。アリストテレスもこの甥について、常識に欠けるところあり、と評しているが、やはり呑気《のんき》すぎた。アレクサンドロスの方は当然、この夜の出来事を、些事どころかかれの政策意図に対する挑戦として重視した。そしてカッリステネスを決して許そうとはしなかったのである。

## ❖近習たちの大逆陰謀

跪拝礼のことがあって、まだあまり日数を経ないと思われるころ、オクスス河畔のカリアタイという村に、軍の主力が移動した、その移動先の本営で、またしても王の暗殺を企てる陰謀が発覚した。三年前の、フィロタスにも関係ありとされた、あの大逆陰謀事件が、ついに真相不明のままに終わったのにくらべると、今度のはまだしもわかりよかった。本営には五〇人ばかりの貴族の子弟が、王の近習として勤務していた。王の側近に奉仕しながら、兼ねて軍政軍令の実務をも見習うというかたちの、いわば将来の指揮官養成でもあった。一五歳前後の少年たちばかりである。陰謀はかれらの間で計画された。王の狩猟に扈従《こじゅう》した近習のひとりが、狩猟の作法にそむいて、王が放つべき初矢を先走って射たため、衆目の前で王から鞭打ちの辱《はずかし》めを受けた、その遺恨が、同志結盟への直接の動機になったという。

かれらの勤務のひとつに、王の幕舎の警護ということがあった。七人の同志がその夜間警護の当番として揃《そろ》った夜に、王を寝所に襲って刺殺しようというのである。かれらの最大の懸念は、アレクサンドロスにしばしば徹夜で痛飲する習慣があることだった。そして、アレクサンドロスにとってはまったく幸運なことに、そのまれな偶然がたまたま、暗殺者たちが待ち構えるその夜に合致したのだった。ペルセポリスの王宮を焼かせ、クレイトスを刺殺させた、あの乱酔が、今度こそはかれの生命を救う結果になったのだった。翌朝、昼間勤務の衛兵と交替したあと、陰謀はまたしても加担者自身の口から不用意に漏洩《ろうえい》した。拷問をつうじて関係者の逮捕は芋づる式に行われ、公開裁判の末、全員が投石によって処刑された。が、少年たちをこうした非常の行動に走らせた、その動機について、個人的な遺恨にとどまらぬ背景を、政治のなかに探ろうとするのは、むしろ自然の動きというべきだったろう。そこにふたたび、カッリステネスの名前が浮びあがってくるのである。

かれは、本営付きとして配属された、これらえり抜きの貴族の子弟に、一般教育をさずける教師の立場にもあった。しかもヘルモラオスという首謀者の少年が、伝えられるように、カッリステネスと「ごく親密な間柄」だったとするならば、嫌疑《けんぎ》をこの哲学者にまでおよぼすことは、いたって容易だったにちがいない。ましてや事件の背後関係を追及する側に、かれを疑い、陥れようとする予断の傾向が、無意識的にであれ、介在しているようなばあいには、それはなおさらのことだったであろう。ヘルモラオスの供述によると、かれの師のカッリステネスも、「自由な人間にとって、もはや王の専制と思い上がり《ヒュブリス》とは耐え難いものだ」といって、陰謀に同心したという。ただしこう伝えるのは、アレクサンドロスの立場なり意向なりに忠実な「正史」だけで、ほかの諸史料は、カッリステネスの、事件への関与という点について、多く否定的である。なるほどかれが疑われる要素は多い。が、王暗殺の陰謀を、かれが黒幕としてそそのかし、煽動したかどうか、は、やはり証拠不十分というほかないのである。それにもかかわらず、かれは暗殺使嗾《しそう》の容疑につき、有罪とされた。かれは拷問の上、絞首されたともいい、拘禁されたまま軍とともに移動して、しばらくのちに病死したとも伝えられる。世界を拡大したマケドニア王の偉業を、その筆によって存分に讃美しながら、みずからは狭いポリス国家の伝統観念にあくまでも固執することで、その矛盾の狭間《はざま》に落ち込んだ、ひとりのギリシア知識人の皮肉な運命であった。

前三二八年秋から翌三二七年の春にかけて、本営のなかであいついでおこった陰惨な事件には、このソグディアナでの予想だにしなかった難戦苦戦に対する、軍中の心理的な焦燥感が、色濃くにじみ出ているといえようか。焦りが内攻したとき、仲間うちの批判は思いがけぬ刺《とげ》を持ち、疑心暗鬼の探り合いの結果は、分裂と不和をいっそう深刻なものにする。しかし、こちらが苦しいときは、相手もまた同じことだった。

### ❖抵抗の炎、なお消えず

スピタメネスは、この間いったいどこで、何をしていたのか。スキタイ系の遊牧民と同盟して、三〇〇〇の助勢をえたかれは、一度はアレクサンドロスの後方攪乱を狙って、南のバクトラに不意討ちをかける。バクトラの町をはじめ、各地の要塞は奇襲を受けて、在地の守備隊や野戦病院までが、片端から全滅させられるありさまだった。バクトリアの中心部に対する、こうした大胆な攻勢は、土地の民衆のひそかな支援と手引きなしでは、とうてい成功しなかったにちがいない。けれども、ふたたび西の砂漠へ引き揚げる途中、かれの軍は、現在のメルヴ方面での作戦を終えてこれも帰途にあった、クラテロスの部隊と遭遇し、かれとしてははじめてといってよい、惨敗を喫する。すでにこの時分になると、アレクサンドロス軍の側にも、相手と同じスキタイ系、バクトリア系の騎兵隊が編成されていたので、スピタメネスとしても、そのすぐれた騎兵戦術をもはや一方的独占的なかたちで、有効に展開することができなかったのである。このときの敗北は、かれへの弔鐘《ちょうしょう》となった。かれを擁して砂漠の住地へ逃れた遊牧民たちはやがて、大軍を率いてアレクサンドロスが親征するという風説に心変わりして、スピタメネスを暗殺に斃した。前三二八年の冬営期にはいる直前のことである。

スピタメネスは、東征の全過程をつうじて、アレクサンドロスが出会ったおそらく最大の強敵だった。かれはソグディアナ、バクトリアの広大な地域に、それも一年半の長きにわたって、民衆の抵抗を組織化し、それを背景とした効果的なゲリラ攻撃でもって、アレクサンドロス軍にしばしば痛撃を加えたのだった。かれは抵抗なかばにして、仲間うちの裏切りに斃れたが、ソグディアナの抵抗そのものは、かれの死後もなお粘り強く、半年あまりも続く。そしてそのばあいも、かれの見えない指導力が、依然として力強く作用しているかのごとくなのであった。

## ❖「翼を持つ兵士たち」

スピタメネスの死後、ソグディアナの抵抗は新たな様相をみせて展開することになった。土着民の抵抗戦争は、その最終ラウンドにおいて、東南部のけわしい山地帯に舞台を移す。そこはアレクサンドロスにとっても、まだまったく手つかずに残されてきた地域であった。前三二八年から三二七年にかけての冬を、ソグディアナ中部のナウタカで過ごしたアレクサンドロスは、春の作戦シーズンにはいるとただちに、土着豪族のオクシュアルテスの一族が多くの民衆とともに立てこもる、「ソグディアナの岩砦」の攻略に向かった。オクシュアルテスは、スピタメネスとともに、かつてはベッソスを支持した有力な豪族のひとりである。

山地帯にわけ入ったアレクサンドロス軍は、思わぬ不運に見舞われる。山中はまだ深い積雪にうずもれ、加えて早春の変わりやすい気象は、雷と雹《ひょう》を伴った激しい嵐で、雪中行軍に悩む将兵をいっそう苦しめた。三日間吹き荒れた、この凍てつくような嵐のなかで、疲労の末に凍死した兵士の数は、二〇〇〇人にものぼったという。「(死者のなかには)樹木の幹に倚《よ》りかかったままで、死がかれらに襲いかかった、その時の姿勢を今なお崩さず、あたかも生きているように、どころか、お互いに話し合っているかのようにさえ見えるものもあった」(クィントゥス=クルティウス『アレクサンドロス大王史』八・四・一四)。悲惨な光景である。

しかもオクシュアルテスは、人を寄せつけない険阻な地形と、豊富な備蓄食糧とを利用して、ここに長期持久戦の準備をととのえていると噂された。アレクサンドロスの投降勧告にも、相手が翼を持った、空を飛べる兵士たちででもないかぎり、この岩砦の攻略は、無理だ、と豪語して、問題にもしないありさまである。アレクサンドロスは相手の裏をかいた。かれが考えたのは、岩砦を見下ろす岩山の頂上を占拠する企てだった。一種の心理作戦である。登頂に成功したものには、異例の賞金が約束された。これに応じた三〇〇人の兵士は、命綱と、ハーケン代わりの天幕ペグを持って、危険な岩壁の夜間登攀《とはん》に挑戦する。途中、凍りついた岩壁から滑《かっ》落《らく》して、無惨な墜死をとげるものは、全体の一割にも達したが、残りは明け方までに頂上をきわめることができた。アレクサンドロスの兵士たちは「翼を持って」いる——。オクシュアルテスはこの事実を認めて、屈服した。ところで、アレクサンドロスの方は、山頂にいる人数を大部隊だと信じ込ませて、降伏を急がせたのだったが、開城後、岩砦のなかを検分してみると、実際の食糧備蓄は、とうてい長期間の攻囲に耐えうるほどのものでないことが判明した。この勝負は、いわばアレクサンドロスの側の「はったり勝ち」だったのである。

### ❖土木の攻略戦

難攻不落を呼号して、抵抗の構えをみせる拠点には、今ひとつ「コリエネスの岩砦」といわれる要塞があった。「ソグディアナ岩砦」からさらに東へ山深く分け入った、現在のファイサバードに近いウァクシュ河畔の岩山のひとつと推定されている。このあたりはもうパミール高原の一部で、オクスス川の源流に近い。深い谷川で周囲からへだてられ、一見手のつけようもないこの岩砦に、アレクサンドロスは今度は大土木工事をもって挑戦する。まわりの山々に無尽蔵な松材を伐り出しては、深い谷川を埋めるほどの頑丈な土台を組み、その上に藤蔓《づる》橋の要領で厚く土盛りをして、桟道《さんどう》を建設したのだ。攻囲軍の全将兵は、二交代制でこの大規模な土木に、昼夜を分かたず取り組んだといわれる。はじめ見くびっていた砦の守将コリエネスも、工事の着実な進捗《しんちょく》にしだいにおそれをいだきはじめ、実際の戦闘段階にはいる以前に、オクシュアルテスの仲立ちで、砦を明け渡した。

テュロスでの突堤建設、ガザでの攻城作戦とともに、これはアレクサンドロスの不屈不撓のおそるべき意志力を発揮してみせた作戦であった。悪戦苦闘二年間のソグディアナ戦争をしめくくる意味でもまたふさわしい、忍耐一途の戦いだったといえるかもしれない。

「ソグディアナ岩砦」でも、「コリエネスの岩砦」でも、アレクサンドロスは、降伏した守将たちにはそれぞれの統治権を改めて確認し、従来の領地領民を安堵《あんど》してやった。二年間も思いがけず停滞した、東征の日程表は、もはやこれ以上遅らせるわけにはゆかない。宥和政策が必要であった。アレクサンドロスが、マケドニア軍中、とくに側近保守派の暗黙の反感をふたたび覚悟しながら、あえてオクシュアルテスの娘ロクサネ——この「小さな星」というイラン名にふさわしい美女を、正式に妃として納《い》れたのも、血族を重んずる土着豪族との和解策のひとつだったことは、いうまでもないであろう。

しかし、かれは過去のにがい経験から、この地域の「帰順」とか「平定」とかには、いささかの幻想もいだいてはいない。歩兵一万、騎兵三五〇〇という、これまでの占領地域とは比較にならぬ大規模な駐留軍をここにとどめ、既存の都市を強化するとともに、いくつかの町を、さしあたっては軍事拠点として、新しく建設したのは、その現れであった。時とともに東西交通の往来がしげくなりゆくにつれて、これらの拠点が、東西文物の交流を仲立ちするという意味で、よりいっそう積極的な役割と意義をになうようになったのは、むしろ自然であったろう。ヤクサルテス川の大屈曲点に近く、豊沃なフェルガーナへの、さながら入口をなす「さい果て《エスカテ》のアレクサンドレイア」、のちにオクスス川の主要な渡河地点となるタルミタ（現在のテルメズ）、また西のマルギアネ地方の拠点として、同時にバクトリアとアレイアの両地方を結ぶ、交通の重要な中継点となる、アレクサンドレイア（現在のメルヴ）の建設など、みなその例に洩れない。アレクサンドロスの、おそらく最初の意図を越えた、世界文化史上の大きな功績であった。

## 夢と現実

### ❖ゆがんだインド地図

インド。この「未知の土地《テッラ・インコグニタ》」にアレクサンドロスが関心の眼を向けたのは、いつごろ、どんなきっかけから、だったのだろうか。バクトリア・ソグディアナでの苦しい戦いが、まだたけなわのころ、オクスス川下流、アラル海の東にあるホラスミアの王が使節をよこして、黒海周辺の征服を勧め、その案内役を申しでてきたとき、アレクサンドロスは、すでに予定したインド進攻を理由に、さしあたりそれを断わったという。インドといっても、パンジャブ地方、インダス川流域までの知識ならば、ギリシア人にとってもインドは必ずしも、まったくの未知、というわけではなかった。ペルシアのキュロス二世は、古くペシャワール一帯の北パンジャブまでを征服して、「インド属州」をつくっていたし、前六世紀末ころ、ダレイオス一世に仕えた、カリア人スキュラクスは、この地方を精力的に探査して、その調査記録を遺してもいた。

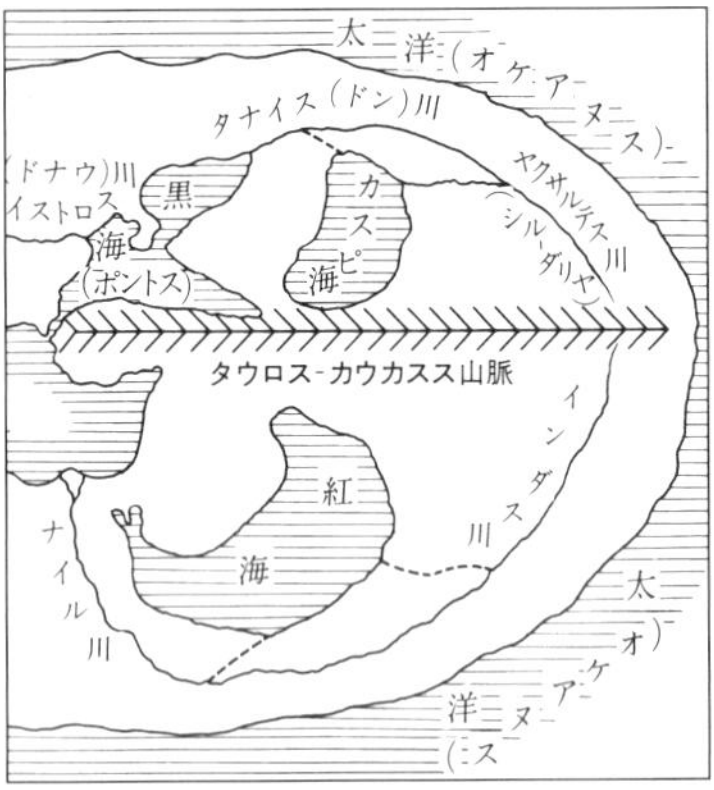


アレクサンドロスの世界像
「インダス-ナイル」仮説
(F. Schachermeyr, *Alexander der Grosse*, 1949, S. 368, Skizze 3 による)。比較参考図209頁。

それにしても、ヒンドゥクシュ山脈のこちら側で、はじめて進攻計画をたてたころのアレクサンドロスの、インドそのものに関する知識は、何とも粗雑《そざつ》あいまいなものでしかなかったらしい。とにかく、北はこの大山脈で閉ざされ、東は大地を取り巻いて環流する大洋《オケアヌス》でもって仕切られた、奥行きのごく浅い、せいぜい大地の突出部分程度にしか考えられてはいないのだ。アリストテレスにいたっては、インドの東の大洋《オケアヌス》は、ヒンドゥクシュの山頂に立てば、はるかに望見できるほどの距離だ、と信じ込んでいた。さすがにアレクサンドロスは、その知識がまったく観念的で間違っていることを、実際の現地体験から確認したが、それでもかれの進攻計画全体が、途方もなく歪《ゆが》んだ、矮小《わいしょう》なインド地図の上に策定されたことだけは、どうしようもなかった。たとえば、広大なガンジス平野の存在ひとつを取り上げてみても、その正確な知見と展望とは、それだけでも兵士たちを怯《ひる》ませるのに十分だったかもしれないのだ。

ここにひとつの問題がある。アレクサンドロスのインド進攻は、それまでの遠征の展開と、いったいどんな必然性をもって結びつき、関連しあっているのか。というよりも、それは従来の遠征過程と、果たして何らかの必然性をもって関連しあっているのかどうか。

アレクサンドロスは、はじめ「報復」のためにひたすらダレイオスを追い求めて、メディアまで進出し、つぎにはダレイオスの弑逆犯人を追討するという、新たな名分のもとに、ついにバクトリアまで軍を進めて、その目的を達した。以前から半独立的な性格が強かったこの東北辺境だが、その執拗《しつよう》な抵抗の動きもほぼ制圧した。その意味で、小アジアからエジプト、ペルシア中央部、イラン東部と、変質しながらも連鎖的につながりを持ってきた東征の目標は、その限りでは、ここでいちおうの完結をみたものと考えてもよいのだ。事実、ソグディアナの北縁、ヤクサルテス川の線は、アレクサンドロスがみずから自主的に設定した、征服の限界線なのであった。

## ❖インド踏破に賭ける夢

それでは、かれを突き動かして、インドにまで駆り立てたもの、それはいったい何だったのか。カイバル峠という、古くから有名な、インドとの交通路がある。イラン東部、バクトリアの辺境地帯の安全は、こうした峠道を通って東、つまりインド方面から攻撃を加えられれば、たしかに不安定を免れないものだった。そう考えて、イラン東部の領土を安全に守るために、進んで西北インド、パンジャブ地方までを制圧する、という発想も、まったくありえないわけではなかったろう。しかし、アレクサンドロスの新しい遠征構想は、こういった及び腰の、「攻勢防御」式の考え方に立つものではなかった。

アレクサンドロスがイラン東部に軍を進めたこの三年間に、遠征軍の構成は大きく変わっていた。マケドニア本国からの増援はもはや、絶えてなく、最近補充された大量のギリシア傭兵も、その多くは駐留軍として、バクトリア、ソグディアナ地方に残留を予定され、およそ五万をもって編成されたインド進攻軍には、すでに三割以上もの東方人が加わっていた。かれらは騎兵を主に、独立した部隊単位を構成したものらしい。

軍の指導部もまた、この時期までに大きく変化していた。東征進発の最初から主要な軍職を独占し、軍の中枢部を掌握してきたのは、前にも述べたようにパルメニオンの一門朋党だったが（五三、一四三頁参照）、その勢力がフィロタスの「陰謀」事件をきっかけに没落させられると、代わってアレクサンドロスの対東方「協調路線」に協力的な、側近グループが主導権をとるようになり、かれらが、新しく再編成された軍の指導部を構成するようになっているのだ。アレクサンドロスはこの、インド進攻発起までに達成された、一連の「軍制改革」をつうじて、東征の軍をはじめて、意のままに動かせる「自分の軍隊」へとつくり変えることができたのだった。アレクサンドロスは、今やこの新しい「自分の軍隊」を率いて、新しい、より大きな目標に挑戦しようとするのである。

かれを駆り立てたのは、この大地の涯《はて》をきわめたいという希《ねが》いだった。東進を続けて未知の土地インドを征服し、そのかなたに、大地の外側を取り巻いて流れる大洋《オケアヌス》の岸にまで、到達したいという、「抑え難い衝動《ポトス》」なのであった。インド遠征はこうして、もはや「報復のため」とか「領土獲得のため」とかいうように、その目的を外に求めるのではなく、もっぱらアレクサンドロス個人の衝動を、というよりもかれの夢を、実現するための行動となった。インド遠征は、ただアレクサンドロス自身のためだけに企てられた軍事作戦なのである。前人未踏のこの大業こそは、自分に不滅の、永遠の誉れをもたらすだろう――。栄光へのこの已《や》み難い憧れは、かれのアキレウス願望の現れでもあった。アレクサンドロスの真の目標は、実はインドでも、大洋《オケアヌス》岸への到達でもない、ただおのれの栄光だったのであろう。

## ❖スワート地方の平定作戦

前三二七年六月、ふたたびヒンドゥクシュ山脈を南に越えた軍は、二年半前、建設に着工した山中の植民都市に、戦闘のない久しぶりの夏間をすごす。すぐのインド進攻には時節が不適当だったし、新作戦の準備をととのえたり、現地の土侯と接触して協力をとりつけ、情報を手に入れたりする必要もあった。初秋、進発にあたってアレクサンドロスは、軍をふた手に分け、本隊を率いるヘファイスティオンらには、カイバル峠（一一〇〇メートル）を下ってペシャワール平原を進ませることにした。先行させて、インダス川渡河点のフンドに舟橋を設営させるためである。アレクサンドロス自身は精強な別働隊を直率して、本隊が進むカーブル峡谷沿いの北、スワート高地の一帯を制圧しながら進むことにしたが、それは、この狭い回廊地帯をひとたび遮断されたが最後、遠征軍は完全に孤立してしまうからであった。アレクサンドロスが六か月にわたって、このスワート地方に徹底した殲滅《せんめつ》戦を展開したのも、ひとつにはインドとイラン東部とを結ぶ、このカーブル峡谷の回廊を確保することが、戦略的にみて不可欠の重要性を持っていたからなのだ。

上部スワート地方の高地住民の抵抗は、その複雑な地形も手つだって、制圧する側には容易ならぬ重荷となった。緒戦早々、アレクサンドロスをはじめ、プトレマイオス、レオンナトスといった上級指揮官があいついで手傷を負ったというのは、よほどの苦戦に遭遇したのであろう。現地民の激しい抵抗と、それにひき続く大虐殺とは、こののちインド作戦の全時期をつうじてくり返される、従来にない異常な戦闘のパターンとなった。そのひとつの例をみよう。この地方でも最大の集落のひとつだったマッサガでは、周辺からもこの拠点の支援に七〇〇〇もの義勇軍が駆けつけて、アレクサンドロスの軍とけわしく対峙《じ》した。アレクサンドロス側の作戦は、堅固な砦から相手をおびき出そうとする試みも、攻城兵器による破壊攻撃も、城壁に直接梯子をかけて強襲を加える企ても、すべて手ごわい反撃を蒙って失敗し、アレクサンドロス自身ふたたび矢傷を受けて、後退を余儀なくされる始末だった。攻防数日、休戦が成立すると、アレクサンドロスは詭計をめぐらし、口実を構えて、いったん城外に出た義勇軍を一挙に包囲虐殺し、マッサガの町を攻略したという。

しかし、アレクサンドロスのこのときの殲滅方式は、進撃するさきざきに、激しい絶望的な抵抗を生まずにはおかなかった。その最大のものが、「アオルノスの岩砦」に立てこもった、バジラの住民たちの抵抗だった。アオルノス――ギリシア人たちが「鳥棲《す》まず」と呼んだほど に峻嶮《しゅんけん》なこの岩山は、インダス川の屈曲部に西から大きくせり出した、深く巨大な山塊のなかにあった。この展望のきく岩砦からは、南にペシャワール平原が一望のもとにひらけ、インダス川の渡河点を監視することも、カーブル峡谷沿いの連絡路を横合いから制することも、ともにたやすい。まさに戦略上の究竟《くっきょう》の要地だった。しかも岩砦には豊かな水源があり、山頂近くには作物の生産も可能な、広い平坦面もあって、兵糧《ひょうろう》攻めに対しては、かれらは自活の態勢を誇示しているのだ。

前面が切り立ったこの岩砦に対しては、正面からの攻撃はまず不可能だった。むろん攻城兵器など、尋常《じんじょう》一様の方法では使用はおろか、運び上げもできない、深い峡谷のそのまた奥である。この岩砦の弱点が裏側の北面にあることを、現地民から訊《き》き出したアレクサンドロスは、

北方から見下ろした「ピル-サル」峰（アオルノス）　上部に見える峡谷はインダス川。

この大山塊の別の峯から、瘦《や》せ尾根伝いに岩砦に接近を試みる。これはもう、戦闘のための前進というより、文字通り登山家のアタックというに近いものだったようだ。しかもそのけわしい山稜を、射出機《カタパルトス》などの兵器まで、相手と同高以上の地点に曳き上げようとしたのである。有効射程内の好位置に、そうした兵器を推進させるためには、さらに途中の大地溝《ちこう》部に大きな桟道を急造して、これを克服しなくてはならなかった。最後の戦闘段階には、急峻な岩峰の登攀《とはん》攻撃が残されていたが、アレクサンドロス軍の攻撃態勢がととのったのを見て戦意を挫《くじ》かれた守備側は、最終段階を迎える前に、みずから砦を放棄して脱出した。

東征の過程をつうじて、最大の山岳戦といわれるこのアオルノスは、現在のどこに当たるのか。この地域におけるアレクサンドロスの足跡を詳細にたずねた、イギリスの考古学者オーレル＝スタインは、現地踏査の結果、一九二六年にこれを、カーブル川とインダス川とが出会う合流点の東北、直距離にしておよそ八〇キロばかりのところにある「聖者の峰《ピルーサル》」に比定した。この推定は、のちに考古学的にも追認されたといわれる。

## ❖最初のインド都市タクシラ

スワート平定作戦に追われたアレクサンドロス軍は、前三二七年から翌三二六年にかけての冬を、冬営なしで過ごし、アオルノスを陥したのは、すでに春も暮れ方のことだった。ヘファイスティオンらの先行部隊がフンドで設営した舟橋によって、やがて全軍が無事にインダス川を渡れたのは、何よりも対岸一帯を支配するタクシラ王が、友好協力的な態度を示してくれたためであったろう。タクシラ王アンビに意外の歓迎を受けたアレクサンドロスと麾下《きか》の将兵たちは、首都のタクシラではじめて、インド人の生活やかれらの習俗、思想、戦備、社会制度といったものについて見聞して、深い印象を受けたらしい。アレクサンドロスはこの町で、「裸の哲学者《ギュムノソピスタイ》」とギリシア人たちが呼んだ老賢者たちと会見することがあった。側近のオネシクリトスが、そのときの会話の断片を伝えているが、王はかれらの思想に強い関心をいだいたらしく、かれらに同行をも乞うている。カラノスというひとりの賢者が、王の求めに応ずることになった。かれは二年後、スサまで軍に同行して、王に先立ち自焚死《じふんし》をとげるが、こうした交渉のなかには、あるいは東西に開かれた世界の思想交流の、新しい萌芽なり可能性なりが育ちえたのかもしれない。

アレクサンドロス軍のタクシラ滞在は、およそひと月にもおよんだ。考えてみれば、豊かな王国の首都で、それも戦火ひとつ交えず、賓客《ひんかく》として歓迎されたのは、ほとんど五年近くも前のバビュロン入城のとき以来のことではないか――。イラン東部に踏み込んで以来、激しさを加える戦闘は、一方でまたきびしい自然との闘いの連続でもあった。そして今、スワート地方での難戦をくぐり抜けて、平和で豊かな王都に迎えられてみれば、他人の好意は格別暖く身に沁《し》み、つい長逗留《ながとうりゅう》になるのも人情というものであったろう。アレクサンドロスがタクシラ王に莫大な礼物を贈って、その好意に酬いたとき、部将のひとりは、「王ははるばるインドくんだりまで来て、やっと一〇〇〇タランタに値いするだけの友人をお見つけになったというわけか」と、なかばねたみや征服者意識からする反感をぶちまけたという。

## ❖戦象集団との戦い

この滞在中にもアレクサンドロスは兵備を怠らず、パンジャブ地方の情報収集にも忙しかった。この地方の土侯は、古くから互いに反目を続けて、その不和の根は深い。一を助けて他を攻めれば、各個撃破は容易と思われた。さしあたり、このタクシラ王アンビと、第二河ヒュダスペス（ジェルム）の川向こうを領するポロス王との、年来の宿仇関係がそうだった。アレクサンドロスから、貢納と出迎えとを要求されたポロス王は、お出迎えのこと、いかにも承知、と回答を送ってよこす。ただし、当方からは、戦闘準備をととのえてのお出迎え以外には考えておらぬ、と。

現在のハランプール近くで、ヒュダスペス川をはさんで対峙したとき、両軍の兵力比は、明らかにアレクサンドロスの側が優勢だった。ただ危惧されたのは、ポロス側が最前線に配備した、二〇〇頭にものぼる戦象の集団である。この「新兵器」が、騎兵部隊の攻撃を壁のように阻み、それ以上に、かれらの乗馬を怖じけづかせて、戦闘隊形を混乱に陥れかねないのだ。とにかく、そうした戦象の群が待ち構える対岸に、騎兵が直接敵前渡河をすることの不利は、最初から目に見えていた。アレクサンドロスは、宿営地ハランプールの三〇キロほど上流、ジャラルプール付近に流れのゆるい、適当な渡河点を見つけると、連日、軍の移動を思わせる陽動作戦をくり返して、ポロス側の監視の眼をそれに馴れっこにさせてしまい、やがてまんまと、三分の二もの兵力を、この上流の渡河点へと移動させてしまった。

激しい雷雨の夜、雨があがるのを待って夜明け近く、アレクサンドロスは渡河を下命した。深い夜闇とにわかな増水のために、川中島を対岸と間違えて上陸するという、思いがけぬ危険な錯誤を犯しながら、それでもかれは、さきに渡河を終えた騎兵部隊だけを率いて、先制攻撃の有利な態勢を占めるのに成功する。アレクサンドロスは、はじめ三段構えの作戦計画をたてていた。騎兵戦闘でまず優位を確保した上で、後詰めの歩兵部隊に戦象の集団を正面攻撃させ、その間にハランプールの宿営地から直接渡河する予定の、残留部隊に戦闘の主役を肩代わりさせて、終盤戦に決着をつける、という手順である。

「ヒュダスペス河畔の会戦」は、実際にもほぼこうしたアレクサンドロスの作戦ペースで推移したようにみえる。二〇メートルほどの間隔で戦列の最前線に配置された戦象も、象使いを狙い撃ちされ、群がる歩兵たちに脚を斧で伐りつけられて狂暴化し、その見さかいない動きで、かえって味方の側に混乱と恐慌をひきおこすありさまだった。そうした一頭に搭乗《とうじょう》指揮していたポロス王も、象とともに手傷を負って捕えられる。捕えられても毅然《きぜん》たる態度を崩さない王であった。アレクサンドロスが戦後、かれの所領を安堵し、敗者に寛大な処遇を与えたのは、おそらく土侯同士の間に力の均衡を維持させる政策的配慮に出たものだったのであろう。

## ❖前途への夢と絶望

パンジャブ地方はすでに雨季にはいろうとしていた。鉛色の雲の動きは速く、それがしだいに厚い層となって空をうずめて、六月中旬に始まるモンスーン季の到来を予告していた。ポロス王との戦いに勝って、これと和睦したアレクサンドロスは、かれの王城にふたたび一か月にわたって滞在する。こんなとき、何よりも大事なのは、さきを急ぐことだったろう。インダス川の巨大な支流を、あと三本まで、何とか雨季の増水前に越えなくてはならないのだ。そうした好意ある勧告を、王はどこからも受けなかったのだろうか。すでにタクシラの王都でひと月あまり、さらにここでひと月の滞留である。雨季が近いというのに、何という緩慢《かんまん》な前進であろう。酷寒のヒンドゥクシュ越えも忍んだ。ソグディアナの炎熱の砂漠にも耐えた。雨季何するものぞ——。そういう一種の自信が、アレクサンドロスには芽ばえかけていたのかもしれない。が、おそらくそれだけではなかった。史料は直接には何ごとも語ってはいない。けれども、このころ将兵の士気というか、前進への意欲は、確実に低下しつつあった。前進への意欲が盛り上がらないという、軍全体の疲れた空気が、おのずから各地で、準備に名を借りた滞留期間の延長となって反映している、とはいえないだろうか。

ひところの、さきを争って攻撃に加わった、あの積極的な戦意は、とみに薄れていた。新来の補充兵や現地徴用の傭兵がふえていたことと、それは無関係ではないだろう。アレクサンドロスがポロスの王都から進発するにあたって、異例の兵員会を召集して、めざすインドがいかに豊かな「獲物」にみちあふれた国であるかを語り、「宝石や真珠や黄金や象牙」などは、各自好きなだけ持って帰れるのだ、などと、あからさまに兵士たちの物欲、掠奪欲を刺激して、士気の振起をはかった、というのは、当時の軍内部に弥漫《びまん》した空気を、それとなく暗示してはいないだろうか。

西からかぞえて三番目のアケシネス（チェナブ）河畔に軍が達したころから、本格的な雨季にはいった。川水は急激にふくれあがり、濁流は川床を越えて氾濫した。宿営地の浸水騒ぎのなかで、兵士たちは早くもこの地方の雨季の恐ろしさを実感しはじめる。洪水に追われて家屋や幕舎に侵入してくる毒蛇やさそりの類《たぐい》は、兵士たちから安眠を奪い、夜闇のなかで心理的な恐怖をまき散らしていた。川幅二キロ半ほどの渡河では、舟艇を使った「少なからぬ兵士たちが水中に失われた」という。アレクサンドロスも、今はとにかく、川との闘いだった。

### ❖「何のために」

四番目のヒュドラオティス（ラヴィ）川も何とか越えた。渡河の苦難をくり返して狂暴になっていた将兵は、この地方で抵抗するカタイオイ人を、サンガラという集落に攻めて、避難した住民までも見さかいなしに虐殺する。しかしこの戦闘にあたって、アレクサンドロス軍側の負傷者は、「正史」に見ても一二〇〇という、異常に高い率にのぼった。毒刃《どくじん》や毒矢の傷にうめく多数の負傷兵をかかえた、降りしきる雨のなかでの前進は、さらに続く。そこに勝ち進む征服者の栄光の姿があったであろうか。明るい陽の光と澄んだ青空と、そして乾いた大地と。それよりも十分な食べ物と心ゆくまでの安らかな眠りとが欲しい――。疲れ果て、濡れそぼって、ただ機械的に前へ踏み出す兵士たちが渇望するのは、今、もはや、夢のようなインドの財宝であるはずもなかった。

第五番目の、インダス川最後の支流がヒュファシス（ベアス）川だった。ここまで到達したアレクサンドロスは、この川の手前一帯を支配するペーゲウスという土侯から、はじめて川向こうの「インド」についての、具体的な情報を聞き込む。川を越えたら十二日行程の砂漠がひろがっていて、そのかなたには巨大なガンジス川が流れている。対岸にはガンダリダイ族タブラシオイ族の国があって、それは、歩兵二〇万、騎兵二万、それに四〇〇〇頭もの戦象を擁する豊かな強大国だという。アレクサンドロスはおそらく、このときはじめて、「マガダ王国」の存在について聞かされたのであろう。アレクサンドロスは考える。もしいわれるように、その王国の王が、国民に人気のない成り上がり者の簒奪《さんだつ》者だとするならば、その征服もさほど困難ではないかもしれぬ。とすれば、さらに進んで東の大洋《オケアヌス》にまで到達することも、決して絵空事ではないであろう――。かれの心は躍った。

行き向かう前途の見通しについて司令部がえた、こうした情報は、しかしたちまちのうちに軍中にひろまった。兵士たちは驚愕《きょうがく》し、動揺した。故国から無限に遠ざかりつつ、今また途方もない目標を伝え聞いて、かれらはこのさき、文字通り地の果てへと、ただ命令のままに歩き続けることに、底知れぬ恐怖と絶望とを感じはじめた。疲れきった兵士たちの胸うちに、このときはじめて、「何のために」という、これまで思いつきもしなかった問いかけが、疑問が萌《きざ》しはじめる。司令部もこうした空気を察知してか、前途の行程見込みを短く手直しして発表したり、宿営地近在の自由掠奪を許可して、兵士たちの歓心を買い、士気を高めようとしたりしたらしいが、兵士たちの間に伝染したこの恐慌《パニック》気分は、今度こそ、そうしたごまかしや懐柔策では収まりがつかなかった。

## ❖進軍拒否

宿営地では、部隊単位で自主的に集会が開かれ、将兵のなかの強硬派は、たとえ命令違反を犯してでも、このさきの従軍は拒否すべきだと、公然と発言する勢いだった。騒擾にまで発展しそうな気配に、アレクサンドロスは各級指揮官を召集して説得を試みる。かれには説得の自信があった。もうあと、いよいよわずかを余すだけという今になって、何を怖れて尻込みするのだ。ここで万一しりぞかんか、これまでわれらが築いてきた功業成果もまた、土民の一斉蜂起によって、すべて空しくなってしまおう。栄光に生き、名誉に死ぬことこそ、われらすべての希《ねが》いではなかったのか。全アジアを征服し終えたそのあかつきには、そのときこそ、この私も、あらゆる苦難を共にしてきた仲間たちみなと一緒に、懐しい故国に凱旋しようではないか――。

アレクサンドロスの本音《ほんね》は、しかしおそらく、その言外のところにあった。不滅の名声を、かの英雄ヘラクレスも、ディオニュソス神さえもが未踏に終わった、東の大洋《オケアヌス》岸にいたる全アジアの地を征服するという、この不滅の誉れを、是が非でもこのわれに得させよ――。アレクサンドロスの灼熱の希《ねが》いは、このとき、ただこの一点に凝集していた。そこには故国への想いもなければ、世界帝国の建設の理想もなかった。あるのはアレクサンドロスただひとりの、燃えるような栄光への願望であり、意志だけであった。

常ならば、熱狂的な歓声が返ってくるはずであった。しかし、今、そこには深い沈黙が支配している。苛《いら》立ったアレクサンドロスが反対意見を求めても、一座の沈黙は冷たく、さらに深まるのみだった。そのなかで、騎兵指揮官として王の信任厚いコイノスが立って、王に訴えはじめる。低く静かな声だった。かれは思いきってこう発言する。私の意見は軍の世論を代表するものだが、さりとて兵士大衆におもねるものではなく、ただ王のお為を思えばこその意見なのだ。私がこれから述べようとすることは、怯懦《きょうだ》の言とも思われようが、私の戦さにおける勇猛ぶりは、衆目の一致して認めるところ。出発の最初から行を共にした戦友たちは、もはやその多くが斃れ、あるいは各地にとどまって、今は残り少ない。未知の危険に立ち向かう鉄の意志において、将兵たちの心構えが、もはや王御自身と同じではないことを、王はお分かりにはならぬか。この上は、いったん帰国の上、新たに精強新鮮な兵を編成しなおして、再出発されることだ。そうすれば、戦争体験のない、若い兵士たちは、きっと喜び勇んでいずこへなりと王につき従うことでありましょうぞ、と。

## ❖前進は凶

おだやかな、道理にかなった説得の言であった。それにしても、最後の一句は、思えば何と痛烈な皮肉を含んでいたことだろう。コイノスが語り終えて座につくと、多くのものはただ涙をぬぐうのみであったという。拍手さえもまばらであった。かれの語りが一座に与えた緊張と感動の深さとは、それが拍手以上のもの、むしろ「救い」でさえあったことを示していた。アレクサンドロスの魔法の輪ははじめて破られた。まだ代弁者の口を通してではあったが、兵士の意志がアレクサンドロスに対して、今はじめて口をきいたのだ。けれども、兵士たちはここで決して、アレクサンドロスの独裁専制《デスポティズム》支配に不信と敵意をあらわにして、かれに反乱を企てようとしたのではなかった。もし兵士たちが集団蜂起を計画すれば、王を襲って殺すほどのことは、さほど難事ではなかったであろう。かれらはこの強靱《きょうじん》不撓《ふとう》の精神の権化に、ただ争《あらが》い難くつき従いながら、とうとうここにいたって、心身ともに、もはやついてゆけなくなったのだった。

信頼する側近、そして上級指揮官の間から、兵士たちの代弁者が現れたことは、アレクサンドロスの虚をついた。衝撃を受け、そして怒ったかれは、三日間幕舎に閉じ籠って姿を見せず、部下の翻意、というより自分の意志への随順を待つ。ここにもまた、あのトロイアの城攻めのときの、アキレウスの怒り、そのままのすがたがあった。かれはこう宣言する。自分には、自発的につき従うものたちがいる。嫌がるマケドニア人たちを、もはやあてにはせぬ。帰りたいものは帰れ。そして故国の友や兄弟たちにいうがよい。われらの王は敵中に置き去りにしたままで、こうして逃げ帰ってきたのだと――。憎しみのにらみ合いではない。しかし、生死を賭けても譲り合えないふたつの意志の対峙が、この三日間の陣営を沈黙させ、その空気を凍りつかせた。四日目になって、アレクサンドロスが祭司と卜占師とを招き寄せたとき、兵士たちは、この沈黙の「試練」についにうち克った。

　かれらにヒュファシス川渡河、前進の是非を占わせた、その結果は、むろん凶であった。卜占はしばしば現実の反映である。そうであればこそ、逆にそれは、現実弁明の、あるいは現実収拾の手段として、意識的に利用された。卜占による決着は、いわばどたん場での「機械仕掛《デウス・エクス》の神《・マキナ》」だったわけで、このばあいも、決してただの迷信依存などではなかった。これ以上の遠征継続を非とされたのは、至高の神意である。このアレクサンドロスも神意には従わなくてはならぬ――。かれは卜占に現れた「神意」を楯として、兵士たちの意志への事実上の屈服を、この、かれ自身にとっては何よりも耐え難い屈辱を、少なくとも名目上だけは、辛うじて回避することができたのだった。

## ❖挫折感と屈辱感と

進攻中止、反転。この発表が、軍中をどんなに大きな歓喜の渦に巻き込んだかは、想像を超えるものがあったにちがいない。アレクサンドロスは、到達したこのさい果ての地に、オリュンポスの神々の巨大な祭壇を築き、巨石記念物を遺《のこ》して、遠征軍の偉大を後世に伝えようとしたという。しかし、今世紀になってこの地に考古学的調査をすすめたオーレル＝スタインの努力によっても、こうしたインド進攻の具体的な証跡は、まだ発見されていない。アレクサンドロスのインド遠征、大洋岸《オケアヌス》到達の意図は、こうして潰《つい》えた。前三二六年七月も下旬のことだったと思われる。軍がふたたび西から二番目のヒュダスペス（ジェルム）河畔にまで撤退してきたとき、そこにはすでに、歩騎合わせて三万五〇〇〇余の大増援軍が集結を終え、甲冑二万五〇〇〇領のほか、大量の医薬品も集積されていた。王のインド進攻は、決して偶然の思いつきでも、単なる気まぐれから生まれたものでもなかったのである。とすれば、私たちはそれだけ、アレクサンドロスの内心の挫折感の深さを、そこに想うべきであろう。それは、「神意」というかたちで表面いかに糊塗《こと》しようとも、ほとんど敗北感ともいうべき痛切なものであったにちがいない。

そのころ現実のインドの情勢は、いったいどうだったのだろうか。当時ナンダ朝の末期にあったマガダ王国が滅びたのは、アレクサンドロスが撤退していってから九年ののち、前三一七年のことだった。代わって北インド一帯を統一したチャンドラグプタの新興マウリア王国は、やがてパンジャブ地方を越えて、西方にその勢力を拡大する。アレクサンドロスの死（前三二三）後、アジア諸州の統治権をえたセレウコスが、五〇〇頭の戦象と引き換えに、辺境の「インド属州」からイラン東部属州までを、チャンドラグプタ王に割譲して、その勢力範囲を大きく縮小後退せざるをえなかったのは、前四世紀の末近く（前三〇五）である。

アレクサンドロスの挫折感は深かった。兵士たちのかぎりない歓喜とは裏腹に、かれは撤収を、みずからの敗北として自認せざるをえない。自分が征戦の苦難に屈服したわけではない。兵士たちが屈服を、この自分に強いたのだ、とかれは思う。けれどもその理屈づけこそ、実はかえって、かれ自身のひそかな屈辱感をいっそう苛《さいな》む、心の刺《とげ》でもあったろう。ここまで来て、兵士たちの意志にこの自分が従わなくてはならぬとは——。アキレウスの怒りであった。しかし、かれは今、同時にアガメムノンでもある以上、その冷静さでもって、アキレウスの怒りを抑えなくてはならないのだ。

## ❖インダス川を下る大船団

ヒンドゥクシュの南麓をふたたび下って、来たときと同じ道を西へ帰るつもりはなかった。

アレクサンドロスはヒュダスペス川を最初に渡るとき、将来のインダス河口調査に備えて、川下りの船団をつくる準備をすでに進めさせていたが、東の大洋岸《オケアヌス》到達が阻まれた今、かれは本格的にインダス川を下って、南の大洋《オケアヌス》を確かめることでもって、年来の夢をその一部でも実現しようとする。大小八〇〇隻にのぼる大船団が完成して、木の香も新しく、河岸のかつての戦跡、ニカイア周辺に集結したのは、およそ二か月後、前三二六年一一月初めのことだった。これもまた、未知なるものへの新しい遠征の門出にはちがいなかった。河神、海神を祭る神事、そして賑々《にぎにぎ》しい祝祭競技は、帰国の歓びを反映していちだんと盛り上がる。指揮官クラスの喜びようも、兵士たちに劣るものではない。船長たちは、お互いに競争で自分の持ち船を飾り立て、真紅に染め上げげた帆や何色も使って色どり華やかな帆が、川風に祝祭の気分を高めるのだった。この、時ならぬお祭騒ぎは、現地の住民たちをも遠方近在から惹きつけた。もの珍しさと同時に、備蓄食糧調達のための交換市が、賑わいを添えたことだろう。

司令船からのラッパを合図に、船団が先頭から動きはじめると、群集した現地の住民たちは、「船団を追って長い距離、川岸を走り、……漕手のかけ声や撓《かい》の水音が届いた範囲の（川筋沿いの）住民たちも、土手に馳せ集まると、土地の鄙歌《ひなうた》をうたいながら、どこまでもついて来るのだった」（アッリアノス『アレクサンドロス東征記』）。大船団を組んでの大河の川下り、とはいっても、船団と並行して、兵員のかなりの部分が両岸を陸行するので、各地に仮泊しては進度を調節する必要があり、食糧調達の問題もあって、平穏無事の物見遊山的な日々、というわけにはいかない。その上、支流同士が合流する地点は、川筋が急に狭まって、急流が大きな渦をつくり、轟音《ごうおん》をとどろかす航行の難所だった。船の衝突、沈没があいつぎ、アレクサンドロスの旗艦も、あやうく沈没を免れるありさまだった。この思わぬ事故は、あとからふりかえれば、「前途危険」を予示する一種の警告標識だったのかもしれない。

ヒュダスペス川がアケシネス（チェナブ）川と合流したこの地点から、さらに下ってインダス川本流に出るまでの東岸一帯は、マッロイ族、オクシュドラカイ族の住地で、その外敵に対する強靭な抵抗ぶりは、アレクサンドロスの耳にも早くから聞こえていた。かれはそれだけに、最初から殲滅戦の方針を固めて、これにのぞむ。この地域での食糧獲得の必要もあった。方向を転じた征服戦争という気持も、むろん強い。それに加えて、かれの心のなかには、どこかに捌《は》け口を見いださずにはおかないような、激しい、屈折した怒りが燃えていた。各地で無差別の殺戮《さつりく》は、異常をきわめた。しかし異常は別のところにもあった。敵の強さを伝え聞いた兵士たちが、噂におびえて進撃を拒み、アレクサンドロスの督励によって、やっと士気をとり戻す、といった状況が、このころ目立っていることだ。こうした士気低迷の状況下では、悲劇はやはりおこるべくしておこったというべきだろう。

## ❖「栄光の死」を敵中に求めて

マッロイ族が最大の拠点としたのは、現在のムルタンに近い、ある防備集落だった。アレクサンドロスがこの町の城壁に梯子をかけて強襲突入を命じたとき、兵士たちはまたもや、ほとんど積極的な戦意を示さなかった。かれらのやる気のなさに苛立ったアレクサンドロスは、傍らの兵士から梯子を奪い取るなり、みずからそれを立て掛けて、ひとり城壁によじのぼる。三人の側近貴族があとを追ったが、この時になってもなお、兵士たちは続こうとはしない。東征の初期、ガザの攻略戦のさいに、マケドニア兵士たちはその勇敢さを競い合い、城壁にかけられた梯子にさきを争ってとりついたという。今、アレクサンドロスが敵の城壁上に躍り上がるのを目撃しながら、それでもなお動かない兵士たちの姿は、その時にくらべて、何と大きくへだたっていることだろう。しかしそのかれらも、アレクサンドロスの輝く甲冑が、城壁内から格好の標的にされはじめた危険を見ては、さすがに放置できなかった。けれども梯子は、かれらが一度にとりついたために崩れ折れて、かえって後続できる途を絶つ結果になってしまった。

孤立したアレクサンドロスは、射かけられる矢玉をかわして、城壁の内側へ、敵のなかへ跳びおりる。どう考えても、ほとんど自殺にひとしい行動だった。「いずれはこの身を危険にさらさねばならぬ定めとすれば、（こうすることで）語り継ぐべきのちの世にも、恥かしからぬ大きないさおしを遺して、天晴れ名誉の戦死をとげることもできようかと、このときアレクサンドロスは感じたのであった」(アッリアノス『アレクサンドロス東征記』)。これは側近のプトレマイオスが、その時の王の心情を推測しての言葉である。しかし裏を返せば、その「いさぎよい」行動には、めざす栄光への途を絶たれたあとの、怒りを含んだ自棄的な影が、どこかにつきまとっていなかったとはいえまい。今や一〇万に近い大軍の統率者としての、アガメムノンとしての自覚は、かれのなかで、みずからの不滅の栄光だけをひたすらに追うアキレウスの激情の前に、しばしば見失われ、あるいは無視されるのである。

進んで敵の重囲のなかに身を投じたアレクサンドロスが、胸に矢を受けて昏倒《こんとう》したのは、三人の側近が駆けつけたのと同時だった。四人共倒れの、間一髪のところで雪崩れ込んだマケドニア軍は、その仕返しに狂暴化した。かれらは、婦女子を含むその土地の住民全部を虐殺し、すべて焼き払い、報復はとどまるところを知らなかった。王の矢傷は深く、帰還を待つ船団には、いち早くその死の噂が伝わった。一〇日余り経ってようやく船団の仮泊地まで運ばれたアレクサンドロスは、生還を信じない兵士たちの絶望と不安をとり除くために、強いてみずから歩き、乗馬さえしてみせる。兵士たちの眼に浮ぶ安堵と歓喜と、そして後悔をとりまぜた涙は、かれらの心情がふたたび「われらの王」へと固く結びついたことを物語っていた。今は、もはや歯止めのきかない殺戮戦の連続だった。インダス川下流域のブラフミン族は、毒矢、毒刃をもって、住民総ぐるみの抵抗をくりひろげ、そして殲滅された。このとき虐殺された土着民の数は、八万にものぼったと、ある史料は伝える。むろん数字は誇張されていよう。が、見さかいのない異常な殺戮が、このころ各地で行われた事実は、疑うわけにはいかないだろう。

### ❖大洋は今、わが前に

この当時アレクサンドロスのもとには、東部イラン属州の不穏な情勢が、すでに伝えられていた。通信連絡が不十分な状況のもとで、王の長期不在、その上王の負傷、さらには戦死の風説が、背後に被征服現地民の反抗気運を盛り上げるのは、即位直後のイストロス（ドナウ）川遠征のとき以来、その例少なしとしない。イラン東部の不穏を聞くと、かれは、インド進攻以来ほとんど副将格の地位にあったクラテロスを指揮官として別働軍を編成し、ムラー、ボラン両峠を経由、ヒンドゥクシュ山脈の西南端を迂回しながらカンダハルに出て、ヘルマンド河谷のかつての進撃路を逆に下る道を進ませ、カルマニアでふたたび合流することにした。あとで見るように、この別働軍は、通過した各州にくすぶる蜂起の気運を未然に制圧して、その目的を達しただけでなく、結果的に本隊がなめた苦難を避けて、多くの貴重な人命を救うことになったのである。

アレクサンドロスの本隊の方は、そのままインダス川の河口へと南下を続ける。この大河の出口を形づくる大三角州《デルタ》の頂点、パッタラの町に軍が到達したのは、前三二五年七月もなかばのことであった。パッタラは現在のハイデラバードの近くであろう。ニカイア出発以来、行程およそ一八〇〇キロ、八か月の時が経っていた。パッタラに軍をとどめると、アレクサンドロスはただちに、みずから指揮して外海《そとうみ》まで船を出させる。海に出るには、ここからまだ二〇〇キロ近くもあるのだ。王側近の学者たちは、かつてパンジャブ地方で、そのあたりの動植物相がエジプトのそれと似通っているのを観察して、インダス川はナイル川の源流にちがいない、などと幼稚な想像をめぐらせていたが（一八〇頁挿図参照）、そうした臆測も、今、目の前にどす黒くうねり拡がるほんものの大洋《オケアヌス》を実見しては、もはやまったくのお笑い草でしかなかったろう。

ほんものの大洋《オケアヌス》はしかし、その巨大な激しさという点でもかれを驚かす。ちょうど吹きおこった夏のモンスーンの強風は備えも経験もないかれの小船団を思うさま飜弄《ほんろう》して、散々な被害を与えたという。この手荒い海神《ポセイドン》の歓迎には、今ひとつ珍らしい景品がついた。三角州《デルタ》の水路に投錨した船は、数時間もたつと砂地の奥に置き去りにされて傾き、驚きあわてた乗組員たちが、施す手《て》段もなく右往左往しているうち、船はまたいつの間にか、元の水面に浮ぶのであった。インダス河口一帯はとくに潮差のいちじるしい地方として知られる。海といえば干満の差のない地中海しか知らぬ兵士たちが、最初、この未知の現象に戸惑い怖れたのは、無理からぬことであった。

# Ⅳ

# 見果てぬ夢

# 逃げ水

## ❖故国への道

　ペルシアとインドとを連結する試みは、陸路にせよ、海上の道にせよ、むろん過去の歴史に有名な先例がないわけではない。アレクサンドロスもそれは知っていた。ダレイオス一世はカリア人の航海者スキュラクスに命じて、インダス川を下らせ、河口からペルシア湾までの海路を探検させたというし、溯ればキュロス二世は、それにアッシリアの女王セミラミスも、たいへんな苦難の末に、ではあったらしいが、とにかくインドからこの海沿いに、西へ帰国したというではないか——。しかし、アレクサンドロスがパッタラで船団を再編成して、ペルシア湾の奥までの航路開拓の任務を、インダス川下りの有能な船団指揮官ネアルコスにひき続き委任したとき、航海成功の見通しは必ずしも明るいものではなかった。海沿いに西進するアレクサンドロスの本隊は、むしろ艦隊の支援部隊ともいえた。艦隊の寄港予定地点に前もって水と食

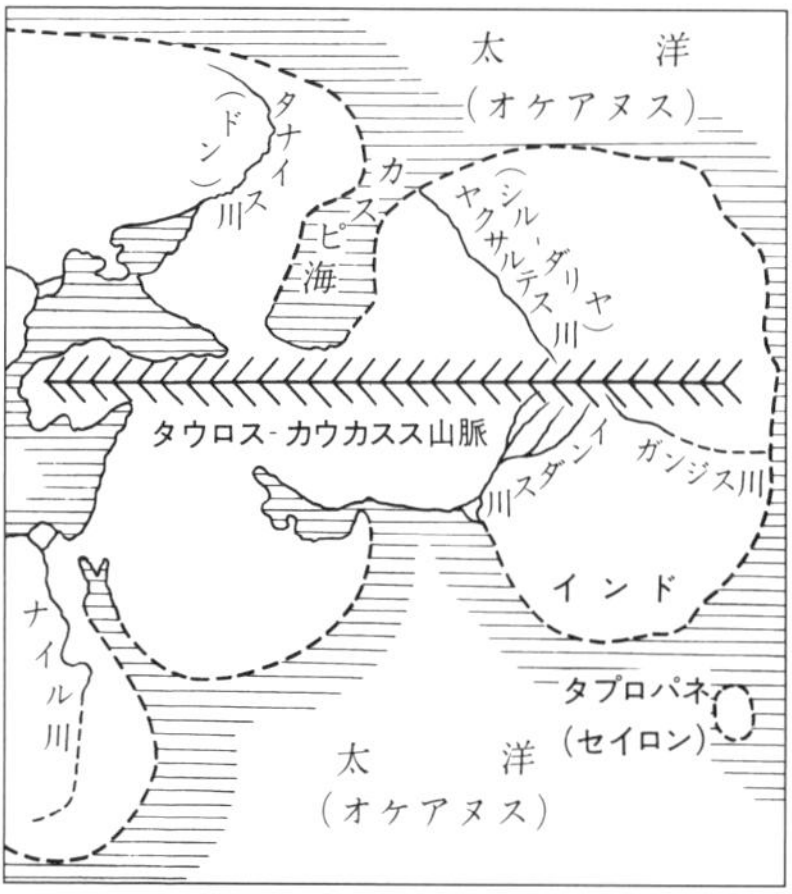


修正された世界像
(Schachermeyr, *op. cit.*, S. 370, Skizze 4 による)
比較参考図180頁。

糧とを集積しておくために、アレクサンドロス軍がパッタラを先発したのは、八月末のことだった。

今度こそ将兵たちは間違いなく西に、故国の方に向かって歩き出す。一歩ごとに故国はそれだけ近くなるのだ。だが、かれらの前途に待つのが「死の行軍」であることを、誰ひとり予感さえもしない。幸いに生きのびて、うららかなスサの春を迎えることができるのは、今賑やかに歩きはじめたおよそ四万人ほどのうち、わずかにその四分の一強、一万五〇〇〇程度にすぎないのだ。

進発直後に出くわしたオレイタイ族の激しい抵抗を、ほとんどひと月がかりで制圧して、コカラに最初の艦隊補給地を設営したアレクサンドロスは、やがて前途に思いがけず、海近くまでタロイ山脈が立ちふさがるのを発見した。一時海から離れて、北に回り道をとることもやむをえない。しかし、このあたりの内陸部一帯は砂漠だった。しかも悪いことには、烈しい砂嵐のため目印が失われ、現地の案内人までが道を見失ってしまう。

全行程にして約三〇〇キロ、実に六〇日にもおよぶマクラン砂漠での苦難の行軍が、このときから始まった。砂漠の日中の気温は三八度を超える。行軍はもっぱら夜間、「小熊」や「大熊」の星々をたよりに続けられた。とはいえ夜でも、地表温度は三五度を下らないのだ。砂漠がその恐るべき本性を現しはじめるにつれて、給水点はますます間遠く、ますます少ない。そうなると、いきおい一日の行程も、二〇キロ、ときには二五キロにもピッチを上げざるをえないのだ。

## ❖死の行軍六〇日

飢えととりわけ耐えがたい渇《かつ》えと。のめり込む熱砂と強烈な照りつけと。肉体の消耗は、頑丈な兵士たちにも急速だった。それだけに、軍が兵士の数に倍する多数の婦女子、非戦闘員の大集団を伴っていたことが、この砂漠の悲劇をどんなに大きく、悲惨なものにしたかは、ほとんど言語を絶する。丘をなし、谷をつくり、うねりながら果てしもなく続く――それはまさに砂の海であった。「深い砂が作りなした小山に出くわすと、足許は一足ごとに崩れ沈んで、泥沼のなかに、というよりもやわらかな雪のなかに、踏み込んだかのように、のめり込むのだった」(アッリアノス『アレクサンドロス東征記』)。こうした砂の海のなかで、力尽きたものはつぎつぎと溺《おぼ》れていった。「……こうしてあるものは病気のために行路の傍らにとり残され、あるものは疲労困憊《こんぱい》の結果、あるいは熱射病のために、あるいは激しい渇きにもはや耐えきれずに、落伍していった。しかし誰ひとりとして一緒に伴い行こうとするものもなければ、一緒に居残って看護の手を差しのべようとするものもいない。軍全体を救おうとする努力のなかで、個人個人の苦難は、やむをえずなおざりにされたのであった」（アッリアノス前掲書六・二四・四、二五・二）。

高価な戦利品や東方の産物を山積みにした荷車の列は、惜しげもなく放棄され、駄馬は屠殺《とさつ》されて食糧となった。しかし、食糧にもまして緊急なものは水だった。渇《かつ》えはもはや危機的でさえあった。水場までたどりつくと、極端な脱水症状にあったものが急激に多量の水を飲んだために、頓死《とんし》する例さえ少なからず、アレクサンドロスもそのために、宿営地を水場から数キロ離れたところに設営しなくてはならないほどだったという。すでに集団としての統制、掌握の限界を超えていた。にもかかわらず、それをぎりぎりのところで、ともかくも保たせたものは、いったい何だったのだろうか。一碗《わん》の水を捧げられたアレクサンドロスの逸話が、この時のこととして伝えられている。一兵士が差し出した貴重な水を、感謝して受け取った王は、しかしその分量がすべての将兵の渇きをうるおすに足るものではないと、そのまま砂漠の熱砂の上に残りなく空けてしまう。王のその行為を目撃した兵士たちはみな、ひとりひとりがその水を飲み干したような思いで感動し、元気づけられたという。

現在のグワダル近くにいたって、風物や地形の変化がようやく気づかれるようになると、それがこの砂漠の西の果てだった。ふたたびとり戻した道は、もはや坦々と灌木の草地を西北に走って、プラにいたり、さらにカルマニア地方の首邑サルムースに通じている。王の緊急命令を受領した遠近の属州太守のもとから、救援物資が届きはじめたのは、やっとこのころからであった。サルムース（現在のグラシュキルドか）に着いた軍は、ここではじめて十分な休養の場を見いだす。パッタラ出発以来、およそ一〇〇日ぶりの人心地《ひとごこち》だった。それにしても、この時までに何と寥々《りょうりょう》たる集団になり果てたことであろう。すべての持ち物を棄て、武器さえも棄て、そして従軍の婦女子はそのほとんどが、今は後方はるかな砂漠の骨となっていたのだ。

クラテロスの率いる別働軍が、北東からカルマニアの山地を下ってきたのも、ちょうどアレクサンドロスのサルムース滞在中のことだった。インダス川下流域で互いに別行動をとってから、およそ七か月ぶりの再会であった。別行動をとる大部隊同士が、時を同じくしてふたたび一地点に会合《ランデヴー》するというのは、通信技術が発達した現代でも、実際には必ずしも容易なことではない。さらに偶然とはいえ、ここで珍らしいことがおこった。艦隊を率いたネアルコスもまた、長い連絡途絶のあと、このサルムースでアレクサンドロスと再会することになったのだ。三者の再会は、ほとんど想像を超えた偶然といってよかった。いったいネアルコスの艦隊は、この間にどんな体験をしたのだろうか。かれらの航海のあとをここでふりかえって見ることにしよう。

## ❖ネアルコスの探検航海

ネアルコスの艦隊が、一〇月なかばから吹き出す北東モンスーンの順風も待たずに、インダス河口の港を出港したのは、九月二一日前後のことだったらしい。土着民の不穏な動きが憂慮されたための、くり上げ出港だった。艦隊は、「アレクサンドロス港」と命名された西北の良港（現在のカラチ港）にいったん泊地を移し、ここでも石塁を構えて土着民の襲撃に備えながら、さらに二四日間、順風のいたるのを待つ。こうして艦隊が本格的に探検航海へと出発したのは、予定よりかなり遅れて、一〇月も下旬にはいってからであった。艦隊は、各船とも一〇日分の食糧と、非常用に五日分の飲料水を積んでいるだけなので、航海ははじめから、アレクサンドロス軍の、陸上よりする補給と援助に依存するほかない。それだけに、陸上軍が思いがけぬタロイ海岸山脈にぶつかって内陸へと道を転じた、そのことから生じた、あのマクラン砂漠の悲劇は、同時に沿岸での補給を絶たれた艦隊の悲劇にも、必然的につながることになった。出発後コカラで、最初にして最後の補給を受けてからのネアルコスの航海日誌が、荒涼《こうりょう》たる沿岸各地での水と食糧探しの記録、といった観を呈しているのは、その何よりの証拠であろう。

しかしその苦闘の合間にも、かれは与えられた探検調査の任務を忘れなかった。ゲドロシア沿岸に住む「魚食民《イクテユオフアゴイ》」の原始生活は、ことにかれの注意を惹《ひ》いたらしい。たとえば、かれらは魚を主食として、シュロ網や引き潮のときの砂浜の溜りなどで漁《すなど》りをし、たいていは生食している。酋長《しゅうちょう》だけが小屋に住むが、その家は浜に打ち上げられた鯨の肋骨だとか貝殻などを巧みに組み合わせて建てられている、など。鯨といえば、乗組員たちも近海を遊弋《ゆうよく》するその群には、しばしば出会った。最初、鯨の潮吹きには、かれらも胆をつぶした。ネアルコスは怖れおののく乗組員を励まして、かえってその怪魚の方に船の舳先《へさき》を向けさせ、喚声をあげ、ラッパを吹き鳴らし、櫂《かい》で水面を叩かせなどして、鯨を退散させる。飢餓と不安の二か月を通じて、艦隊乗組員の秩序が終始乱れなかったのは、ネアルコスの、指揮官としてのすぐれた才能のため、だけではない。むしろ危険にさいしてつねに沈着冷静を失わないかれに対する、乗組員たちの絶対的な信頼のためなのであった。

すでに一二月にはいっていた。ペルシア湾口に突き出ているアラビア半島側のラス－ムッセンダムの岬が見えはじめるころ、北に変針したネアルコスは、やがてホルムズ海峡の奥まった港ハルモゼイア（現在のバンダル－アッバスの付近）に寄港して、しばし休息の錨を下ろす。「この土地は、もはやわれわれに好意的だった。そしてオリーヴ樹が生えていない点だけを除くと、ここでは何でも実り豊かだった」（アッリアノス『インド誌』）。ネアルコスは、この土地の印象をこう記している。この短い感想のなかには、飢えと渇《かつ》え、寄港するさきざきでの敵意に、警戒と心労を重ねた航海の日々への感慨が、いかに深く籠《こ》められていたことだろう。オリーヴ樹を思わずも探す心理には、はるかな故郷クレテ島に寄せる思いも宿っていたにちがいない。

## ❖思いがけぬ「再会の時」

しかし、このかれの望郷の思いは、まったく思いもよらぬかたちで報われることになった。気の許せる上陸は久しぶりのことだった。調査を兼ねて、内地へわずか足をのばしたネアルコスと六人の部下の一行は、ゆきずりにたまたま、ギリシア服の母国語を話す男と出会う。偶然の幸運だった。かれはアレクサンドロス軍の兵士で、王の本営はここから五日行程のところにあるという。ネアルコス一行到着の知らせは、ただちに土地の郡長の飛脚で、王のもとに届けられたが、王は容易にこれを信ずることができない。砂漠のあの苦難をまねいた責任と、約束の補給も果たさず、艦隊を見殺しにした自責の念と、そのいずれが、かれにとって、より重かったたか。おそらくそのどちらもが同じように、かれの心を重苦しく苛《さいな》み、かれを捉えて片時も離れなかったにちがいない。

王との再会の感動的な情景は、ネアルコス自身の筆が、他のいかなる叙述をもしのぐ。

アレクサンドロスは辛うじて、やっとのことでかれらを見分けることができた。かれらの蓬髪襤褸《ほうはつらんる》の見るも無惨なさまに目をとめると、かれの胸うちには、艦隊が喪われたという悲嘆の思いが、それだけいっそう確実なこととして迫ってきた。かれはネアルコスに右手をあずけると、側近の貴族仲間《ヘタイロイ》や護衛兵たちから離れて、かれだけを傍らに伴いゆき、しばしの間はただ泣くのみであった。ややあって、気をとり直したかれはこういった。「ともかくもお前が無事で私の許に帰ってきてくれたことで、それに（副将の）アルキアスもこうして無事だったことで、私の気持にもせめて、全体の災難に、程々の和らぎがあろうというものだ。しかしそれはそうと、お前の艦隊や乗組員たちは、いったいどんな風にして遭難したのか」。これに答えてネアルコスはいった。「王様、あなたの艦隊も、それに乗組員たちもみんな無事でございます。私どもはここにこうして、一同の無事をお知らせするためにやって参りました」。アレクサンドロスはこれを聴くと、もはや涙をせきもあえなかった。かれには、そのありさまでは、乗組員たちの無事などとうてい期待できぬものと、先刻思われていたからだった。……アレクサンドロスは神かけてこう語った。「まこと、この知らせを聴いては、私はアジア全部を征服したよりももっとうれしいのだ」と（アッリアノス『インド誌』三五・三―八）。

この上、さらにペルシア湾の奥まで航海を続けさせるには忍びないと、指揮官の更迭《こうてつ》を考慮するアレクサンドロスだったが、ネアルコスは、与えられた任務完遂の責任とその名誉とをぜひ自分の手に、と懇願してやまなかった。その心情において、かれもまたひとりのアレクサンドロスだったのである。

## ❖粛清の春

五年半ぶりに踏むペルシスの地であった。サルムースからペルセポリスへ、さらにスサへ。前三二四年早春のザグロス山中の道は、まだきびしい寒さのなかにある。しかしアレクサンドロスをつつむ冷気は、たんに時候のせいばかりではない。すでにサルムース滞在中から、かれは苦難の果てのこの凱旋《がいせん》が、必ずしも歓迎されない――それどころか、うわべだけを取りつくろった猜疑《さいぎ》と、あからさまな反抗気構えとの眼が、あちこちから自分を注視しているのを敏感に感じとっていた。政情不穏の情報も各地からはいってくる。王の「生還」を知ると、にわかに忠臣顔をして、仲間の悪事御注進におよぶ高官たちもいる。五年間の不在の間、後方各地の高級行政官たちは、最前線で戦う王や将兵たちの苦難をよそに、何と思うさま勝手放題のかぎりを尽くしていたことか。そうした行政の綱紀紊乱《びんらん》は、他方でおのずと心ある東方人太守たちの間に、民族的自立への気運をも養わずにはおかなかったであろう。

いずれにしてもアレクサンドロスは、「今さら帰ってきてもらっては困る」存在なのであった。二三属州のうち、実にその一四州において行政長官のいちじるしい非違《ひい》が摘発され、その多くが峻烈に処刑されたという、そのことだけをみても、おおよその状態は想像に難くない。

アレクサンドロスが、かれらにとっては「思いがけずも」生還したからには、この弛《ゆる》んだ箍《たが》を、今一度きびしく締め直す必要があったのだ。「スサの春」は、こうしてあいつぐ政治粛清の春となった。あの行政手腕にたけたパルメニオンが、征服地行政の総元締として、もし生きていたら――、という思いが、この時分、わずかでもアレクサンドロスの心をよぎるようなことはなかっただろうか。もし生きていたら、今日、王不在の間に、あるいは後方をまるごと乗っ取るような野望をおこしていたものか、それとも誠実有能な後方指揮官として、今のような綱紀紊乱を決して許さなかったものだろうか――と。こうした私の想像には、あながち理由がないわけでもない。パルメニオンの後任に昇格してエクバタナにあったクレアンドロスの専横非道ぶりが、同じころ現地住民の間からも抜きさしならぬ確証を添えて告発されたとき、アレクサンドロスは放埒《ほうらつ》をきわめたこの奸悪な男に、かつてパルメニオン暗殺の密命を遂行させたことを、たしかに、それもおそらくはにがい思いで、想いおこしていなかったはずはないからだ。

## ❖親友の汚職と逃亡

信頼した高級行政官たちの、あまりにも無軌道な退廃ぶりは、王に深刻な衝撃を与えたが、それに追打ちをかけるような事実が伝えられた。アレクサンドロスの幼少からの親友として信頼厚く、占領地財政、とくに接収した旧ペルシア帝庫の莫大な財貨管理を、一手に任されてきたハルパロスが、「王生還」の知らせに、巨額の公金と傭兵六〇〇〇とをもってアテナイへ亡命した、というのである。アレクサンドロスは、最初カルマニアのサルムースで、各地不穏の情報を耳にしたときいち早く、正規軍以外のいかなる私兵といえども、すべて解散せよ、という強硬な命令を各監督長官宛てに発していた。反乱蜂起を企てるものにその戦力源を提供する傭兵予備軍は、そのころどこにでも流浪していた。ハルパロスの行動が、このアレクサンドロスの命令に対する違反、というよりも、むしろ挑戦であることは明らかだった。

かれはアレクサンドロスの性格を知ること、深ければ深いだけ、顧りみて自分の行実《ぎょうじつ》に対する追及のきびしいことをおそれた。何しろ金は手許に無際限にあった。アテナイの娼婦をつぎつぎと囲い者にして、バビュロンの宮殿で過した放蕩三昧《ほうとうざんまい》の王侯の生活は、知らぬ者とてはないほどだ。自分は王を気取り、属僚どもには、女王の冠をいただいた愛人の前でも、東方風の跪拝をさせた。旧悪露顕。とても免れるすべはない。政治粛清の規模と範囲がひろがるにつれ、そしてアレクサンドロスのバビュロン帰還の日が近づくにつれて、きびしい追及問罪のわが身におよぶことを必定とおそれたかれは、いわば窮鼠猫を噛もうとする策に出たのだった。亡命先に選んだアテナイは、いまだに反抗気運が濃厚である。その上かれは、過ぐる年飢饉に苦しむこの都市のために、食糧調達の便宜をはかってやって、そのために市民権を贈られてもいた。アレクサンドロスは、はじめ頭からこの親友反逆の知らせを信じなかった。ハルパロス逃亡の最初の通報者を、かれは、故なくひとを陥れんとする邪悪虚偽の告発者として、獄に下しさえしたという。

私兵解散の王令は、東方でもギリシア本土でも、そのあと始末を必要とした。この「王令」によって解雇された多数の傭兵や、もともと傭われ先を探していた流れ者たちは、それ自体が、いつ危険集団となって暴発しないともかぎらない。かれらの多くは、ギリシア諸都市の没落市民だった。経済的に転落したものもあれば、内乱政争で追放されたものも少なくない。アレクサンドロスは、植民都市の建設をすすめて失職傭兵の吸収をはかる一方、今ひとつギリシア各都市に対し、追放者たちを帰国復権させよという新しい王令を出して、何とかこの事態収拾をはかろうとする。いわば昔の党派争いはすべて水に流して、元の鞘《さや》にまるくおさめよというにひとしい。その趣旨はよいとしても、また流浪の追放者たちには大きな福音だったとしても、現実にはしかし、厄介で深刻な政策課題を都市側に突きつけることになった。たとえば、没収してすでに処分済みの、旧財産返還の問題がある。さらに大局的、政治的にみれば、ギリシア諸国の自治を認めたはずのアレクサンドロスが、みずからこの王令によって、ギリシアの内政問題に露骨に干渉する結果となることは明らかだった。

## ❖アテナイの混迷

とりわけアテナイのばあい、この王令を受け入れれば、すでに植民地にしてしまっているサモス島をば、かつての島市民に返還しなくてはならないことになる。アテナイにとっては、国益にかかわる問題だった。ただでさえ叛意のくすぶるアテナイに、硬論が時をえたのは自然の成り行きだったろう。あのハルパロスが、小アジア東南のタルソスから海路アテナイに亡命を求めてきたのは、ちょうどこうした紛糾のさなかである。もしアテナイ当局がハルパロスをかくまえば、サモス島留保のために工作中の微妙な外交駆け引きは、むろん問題にもなりえないだろう。その一方には、大量の傭兵と戦費とを手土産としたかれの来航を、千載一遇の好機とみて、今こそギリシアの蜂起を再興せよ、という民衆派の激しいつき上げがあった。

混迷を続けるアテナイの政界に、またしても新たな王令がもたらされる。今度は、アレクサンドロス自身を神として祀《まつ》るべしという。対応に考慮のいとまさえ与えない、矢つぎ早の措置であり、しかもそれらの布石は、互いに深くかかわり合って、いずれもその的を射ていた。古典期ギリシアの市民たちにも、きわ立ってすぐれた人物を神として崇《あが》め敬う慣わしは、あるにはあったが、それも死後に、英雄神《ヘロス》として、のことであって、そうした一定の矩《のり》を越えるものではなかった。その古典期にくらべると、今、この時期のギリシア人の、神に対する考え方はたしかに、もうよほど変わっていた。すぐれた人物、権力者を、その存命中に神として祀《まつ》ることも、もうまったくありえないことではなくなっていた。

アレクサンドロスからその王令を受領した今も、「ゼウスの子だろうとポセイドンの子だろうと、好きなようにさせたらいいではないか」と冷淡に取り合わぬものもいれば、デマデスのように、サモス島返還問題にひっかけて、「天のことで大騒ぎしていて、肝腎の足許の大地のことを忘れないように御用心」などと、皮肉な警告をする現実政治家もいた。どうせ形の上だけのことではないか——。市民たちは、アレクサンドロスを神に仕立てることを、民会で決議したらしい。ひとつにはそのころ、アテナイがハルパロス事件で不穏だ、という噂に、王が艦隊を回航させるという強硬決意でいるらしいことが伝えられたからでもあったろう。そのハルパロスの方は結局、国益の天秤《てんびん》に載せられた結果として、アテナイから閉め出され、クレテ島に逃れて、最後はそこで部下に寝首をかかれた。

要するに「ギリシアの自治」とはいっても、そこにははじめから、必要に応じていつでもかけられる、強力な締金《しめがね》がついていた。むしろアレクサンドロスの不在中から、この締金はずっとかかりっ放しといってもよかった。こうした王令があいついで突きつけられたからとて、改めて何を今さら、自治の侵害などと騒ぎ立てることがあろう——。一般のアテナイ市民は、もう形式、名目といったものにはあまりこだわらないのである。

# バビュロンの雲

### ❖スサの集団結婚式

峻烈な粛清に始まって東西の行政問題にまでおよんだ「スサの春」は、アレクサンドロスにとっては政治の季節として過ぎ去った。それらが一段落ついたところで、かれとしては、征戦の苦難をともにした将兵たちに、とりあえず慰労の論功行賞を行うのが、ことの順序というものでもあったろう。有名な「スサの集団結婚」は、このようにして実現した。アレクサンドロス自身がペルシア王家の二人の王女を迎えたのをはじめ、王から贈られた豪華な引出物とともに、イラン系大貴族の女と結婚した側近貴族は、およそ九〇人にのぼった。同時に一般将兵もまた、それぞれ「結婚」の相手を、これも王からの持参金つきであてがわれ、その数は一万人を超えたといわれる。そのときの情景は、当時、式部官長ともいうべき地位にあったカレスの筆で伝えられているが、ペルシア風にしつらえられた華麗な祝宴は、五日間にわたって続けられたという。スサの「夏の夜の夢」であった。

アレクサンドロスが、イランの王族や大貴族の女たちを側近につれ添わせた裏には、つぎの世代の支配層に、東西の対立、差別意識をなくさせようという政策意図もあったにちがいない。東西の対立差別意識をなくすことこそが、かれには支配安定の第一着手とも、最大のかなめとも思われたのだ。そのためには、しかし、同時に民衆レヴェルでも、意識変革が行われることがなくてはすまない。一万という大量の「族外」結婚をさせることによって、アレクサンドロスは、東方人女性との結婚に関するギリシア人、マケドニア人の社会通念を、（少なくともかれらが東方に定住するばあい）変えることを期待したにちがいない。けれども、そうした民族融合の政策理念は、ヘレニズム三世紀の間を通じても、果たしてどの程度まで現実のものとなったであろうか。大方の将兵たちにしてみれば、この「結婚」は、さしあたって長征のあとの性の慰安を求める、一種の便宜程度にしか考えられなかったかもしれない。というのも、その後、ほどなくして、歴戦の老兵一万人に対する除隊帰国命令が内示されているからだ。かれらの「新婚の妻」については、本国家庭での紛争を考慮して同伴させぬこととし、ただし将来、出生が期待される男児については、父親の郷国マケドニアで訓育させることが約束された。大方の兵士たちにとってはしかし、おそらく、どうでもよい問題だったであろう。

### ❖心情の微妙な「ずれ」

アレクサンドロスが、各地に転戦したマケドニア兵士一万人の除隊命令を発表したとき、かれとしては、長きは一〇年もの軍役に疲れ老いた将兵を、心底《しんそこ》いたわる気持に偽りはなかった。が、除隊発表の時期が悪かった。時期の問題というよりも、この当時、アレクサンドロスと将兵と、両者の心情の間に生じた微妙な「ずれ」の問題だった。王は、マケドニア兵士のためを誠意一途《いちず》に思って、手厚い配慮を働かせているつもりなのだが、兵士たちの鋭敏な直感は、そこに最近、何かとってつけたようなぎこちなさを嗅《か》ぎつけて、抵抗と反発を感じるのである。そんな感じは、以前にはないことだった。ヒュファシス河畔での撤退の、あの緊迫した時でさえも――。その心と心とが、なぜか今は軋《きし》み合うのである。

今アレクサンドロスは、兵士たち全員の、従軍商人に対する借金、――おそらく東部イラン進攻以来、数年分の積もる負債《つけ》を、すべて肩代りして帳消しにしてやる、という布告を出し、各自氏名と借金の額を書いて提出するように、と触れ回らせた。この寛厚な措置に対して、しかし兵士たちは、ここにも不信と疑惑の色をかくさない。給与に対する不満度の調査か、それとも濫費に対して処罰の意図があるのではないか――。折衝の結果、各自の負債額は「無記名」で提出集計されることになり、総額にしておよそ一万タランタが、王の手許から皆済《かいさい》されたという。

同じように、よろこばしいはずの除隊命令も、どこかすっきりしないものが残って、素直には受けとれないのだ。兵士たちがそこに作為的なものを直感したとすれば、アレクサンドロスの心底《しんてい》も、たしかに「純一無雑」なものではなかったろう。マケドニアの伝統を頑固に守ろうとする、古風で無骨な老兵たち、王に対しても言葉を飾らず、卒直なものの言い方を憚らないかれらを本国に帰す、つまりは遠ざけることが、アレクサンドロスにとっては、今後東西融和の政策を円滑に、積極的に推進してゆく上に、必要な条件でもあり、前提でもあると思われたにちがいないのだ。かれの考え方のこうした「不純」が、自分はもはやマケドニア人だけの王ではないのだ、という、かれの自覚に由来するものだったとすれば、兵士たちとの心理的な「軋《きし》み」は、結局のところ、自分たちがつくり上げた「世界」をどのようなものとして理解するか、その理解の仕方の違いから生じた。いいかえるとそれは、東征前半期の、アレクサンドロスとパルメニオン（あるいはフィロタスやクレイトス）との対立に見られた考え方の相違と、本質において同じだった。ただそれが、ここでは明確な政策とか主義とかの対立、といったかたちをとらず、もっと素朴な心情の問題として発現したにすぎない。

## ❖新しい「帝国軍」

そうしたかれらの心情を、露骨に逆《さか》なでするようなことが、あたかもその前後におこった。三年あまり前、インド進攻に出発する直前に、バクトラで下命しておいた東方人青年三万の兵員養成が完了して、ちょうどそのころ、その全部隊が成果披露のためにスサに移動してきたのである。歩兵集団だけでなく、伝統的な特権を誇るマケドニア騎兵部隊にも、東方人編成の独立騎兵隊が配属された。すべてマケドニア制式の訓練であり、装備である。もはや数の上でも、東方人の比率は圧倒的にマケドニア人、ギリシア人をしのぐことになった。アレクサンドロスの閲兵を受け、ギリシア語の号令に従って整然と、みごとにマケドニア正規軍の戦術展開をくりひろげてみせる、新来の東方人部隊のすがたに、マケドニア兵士たちは唇をかんだ。

跪拝礼採用の問題などは、それがどうなろうと、兵士たちにはいっこうに縁のない、遠い話だった。しかし部隊編成のこととなると、「東方化」の問題も、にわかに身近かな、切実な関心事とならざるをえない。新しい「帝国軍」編成の意図は明らかだった。「とって代わられる」という予断からくる、マケドニア兵士たちの反発は、老兵一万の帰国命令によってさらに増幅され、かれらの予断をますます正しいものと思わせた。アレクサンドロスは自分の軍隊までも東方人で固めてしまおうとするのか。マケドニア人を遠ざけて東方人ばかりを重用するアレクサンドロスは、もう「われわれの王」ではなくなったのか――。こうした、怒りとも嘆きともつかぬ声が、そのころから軍中にひろがりはじめたのは、アレクサンドロスに寄せるかれらの愛情の、屈折した表現でもあったろうか。

しかし、アレクサンドロスの方針はすでに変わらなかった。フィリッポス的なマケドニア王国中心の考え方から抜け出て、「開かれた世界」、「開かれた意識」に新しい世界国家の基礎を据《す》えようとすることは、ペルシア帝国の終焉《しゅうえん》以来、もはや一貫して変わらないかれの方針だったといってよい。マケドニア王国とアレクサンドロスの「世界」と――、この二極の対立の果てに、「オピスの対決」は避けられなかった。

## ❖オピスの騒擾事件

ティグリス川の中流域にオピスという町がある。現在のバグダッドのやや南にあたる、古くからの渡河点である。アレクサンドロスも、ガウガメラ会戦のあと、すでにいったんは東に渡っていたティグリス川を、このオピスでふたたび西に越えて、バビュロンに入城したらしい。夏、ここに歩兵部隊が集結した。アレクサンドロスはペルシア湾口の視察調査を終えて、エクバタナの夏宮へ避暑に出かける途中、ここで改めて、正式に老兵および傷病兵およそ一万人の除隊帰国を発表する。帰国する兵士たちには、「故国の人々がかれらを羨《うらや》みの的とも、励みの種ともするに足るほどの賜金が、追加支給されることになる」はずだ（アッリアノス『アレクサンドロス東征記』）。しかし、兵士たちがこのとき求めていたのは金ではない。アレクサンドロスの心だった。どこまでも「われらの王」として、兵士たちの心情に近い存在であり続ける、アレクサンドロスの心なのであった。その王が今みずから、マケドニアとのもっとも古いきずなを、惜しげもなく断ち切ろうとしている――。

兵士たちははじめて、自分たちの王に対して、直接荒々しい声をあげた。側近のプトレマイオスは、かれらの痛憤の言葉をこう記録している。「……それなら俺たちをみな、軍隊からお払い箱にしたらいいじゃないか。そしてあんたは、お父上とやらとご一緒に、戦さをお続けになればいいんだ」と。「お父上」とは、アレクサンドロスが自分の出生の神聖を信じて、その託宣を受けた、あのエジプトの神アモンのことをあてこすっているのだ、とプトレマイオスはわざわざ注釈している。アレクサンドロスが実の父親フィリッポスとの不和から、父王暗殺の黒幕として、ひところ世間の噂にものぼったことは、兵士たちもおそらく伝え聞いている。それに「東方かぶれ」という痛烈な皮肉が重なった。アレクサンドロスにとっては、どちらも強くこたえる点だった。というよりも心を労して、それだけに慎重に、かつは深く秘してきた問題でもあった。

高まる喧騒《けんそう》のなかにこうした野次を聞くと、かれは激怒した。かれは壇上から跳び下りるなり、興奮して喚声をあげる兵士の大集団のなかにとび込む。そして目ぼしい煽動者と見えた兵士を一三人まで、直接指し示して引き出させるなり、ただちにこれらを処刑させる。抜く手も見せぬ、といった風の鮮かな騒擾収拾の仕方ではあった。この騒乱の危機を打開する手段は、もはや民主的な話し合い、などではなく、何ものにも怯《ひる》まぬ、強い意志と決断にしか求められないのであった。アレクサンドロスが素手で兵士たちの大集団のなかにとび込んだ、そのとき、危険はたしかにそこにあった。しかし、ひとりの意志が他のすべてを圧倒した。ここにあるのは、やはりアレクサンドロス以外の何ものでもないのである。

### ❖アレクサンドロスの勝利と和解

アレクサンドロスはふたたび壇にのぼると、度胆をぬかれた兵士たちを前に、フィリッポスの功業から説きおこす、即席の大演説を行う。そして最後に、こういい放つ。「……(自分の真意も解しようとはせず)、お前たちみながここを立ち去りたいのなら、ひとり残らず立ち去るがよい。……そして故国《くに》のものたちにこういうのだ、われらの王アレクサンドロスは現地に放ったらかしにして、征服された夷狄《いてき》どもの世話に任せたなりで、われわれはこうして帰ってきた、と。そう報告してみよ。お前たちはさだめし世間には名誉なことだろうし、神々の御心にも十分かなおうというものだ。さあ、行ってしまえ」(アッリアノス『アレクサンドロス東征記』七・一〇・五―七)。
皮肉には皮肉をもって応えたかれは、それから三日、居室に閉じ籠ったなり、マケドニア人の側近にも会おうとはしない。かれが東方人だけから成る、全面的な軍の再編成方針を発表したのは、騒擾から三日目のことだった。部隊単位もその名称も、指揮系統も、すべて元のままで、ただ中味だけが、そっくりペルシア人に入れ替ることになったのだ。マケドニア兵士たちがまさかそこまでは、とたかをくくっていた、その事態が現実のものになった。ヒュファシス河畔では、兵士たちが動かなければ、アレクサンドロスもそれに従うほかないことは明らかだった。けれども、ここでは状況がまるで違う。いざとなれば、アレクサンドロスは、そしてアレクサンドロスならば、かれらなしでもやっていけるのだ。勝負はついた。王から見放されてすべてを失った兵士たちは、アレクサンドロスの宿所の前に歎願者となって武器を投げ出し、王の成敗と宥《ゆる》しを乞うて王の名を呼び、その場を動こうとしない。戸口まで姿を見せたかれは、「兵士たちの打ちひしがれたありさまを目にし、多くのものが号泣しながら喚《よ》び叫んでいるのを聞いて、かれもまた涙をながしたのだった」(アッリアノス『アレクサンドロス東征記』)。和解の機会がよみがえった。アレクサンドロスはふたたび兵士たちの心をつかんだ。しかもアレクサンドロスは、みずからは一歩も後退することなく、その全き勝利においてマケドニア兵士たちの心をとり戻したのであった。

かれはここで、むしろ一歩を進めてこの勝利をいっそう確実なものにしなくてはならぬ。この事件のあとに行われた「オピスの和解の饗宴」は、まさにそのだめ押しともいうべき一手であった。九〇〇〇人を招いてオピスの野外に催されたというこの宴会は、同じひとつの混酒器《クラテル》から酒を酌み交わしながら、マケドニア人とペルシア人とが新国家共同統治の立場において、和合協調してゆくことを、互いに誓い合ったものだった。王を中心に、参会者は三つの同心円をつくったという。そのいちばん内側の名誉の位置に坐るのは、すべてマケドニア人。ペルシア人はその外周に、そしてもっとも外側が、他の諸種族の席だった。それは、去りゆくマケドニア人たちの素朴な心情を、今一度思いやった「われらの王」の配慮であり、はなむけだったのであろう。

## ❖新たな遠征計画

海抜一八〇〇メートルの高燥な地にあるエクバタナは、いつまでも暑熱烈しい、非衛生なバビュロンとはうって変わった快適さである。帰国する老兵たちを見送って、にわかに閑散となったオピスをあとに、アレクサンドロスがこのザグロス山中の町にある、旧王朝の夏宮にはいったのは、すでに初秋のころであった。活動的なかれにとっては、過ぎてみれば別に何程の疲労感も残っていないが、この春から夏にかけて、帰還早々から何と多くの問題処理に忙殺されてきたことだろう。しかしそれらも今は何とか片づいて、久しぶりに休養の時をえたかれだったが、そのかれは、もはや来年にもとりかかる予定の、新しい探検遠征の青写真を前に、具体案の策定に余念がない。ヒュルカニア（カスピ）海は、いったい別のどんな海とつながっているのか、黒海となのか、それとも大地の外周をめぐる大洋《オケアヌス》となのか——。アレクサンドロス自身も六年前、ダレイオス三世の死を確認したその直後に、この「大海」を東南の一隅から望見して、世界の涯《はて》を実感したことがあった。ヒュルカニアの森林から船材を伐り出し、艦隊を建造して、そうした調査航海に従うという任務には、ヘラクレイデスという人物が選ばれた。おそらくネアルコスと航海を共にしたひとりで、その老練な腕を買われたものであろう。

しかし、アレクサンドロス自身がみずから乗り出すべき計画は、すでにひとつの案にしぼられていた。つぎの目標は、アラビア半島であった。その内陸部を征服探査しながら、アラビア半島を艦隊をもって周航し、紅海からスエズ地峡を経て、地中海へ出るという、海陸併行の大規模な遠征計画である。アラビア半島東南部は、ペルシア-インド航路の重要な中継地点でもある上、その土地全体が、地中海域とアラビア海域とを海路でつなぐために、ぜひ確保しなくてはならない地域なのだ。むろん香料の産地としての魅力は大きい。香料に富むこの地方は、いつの頃からか、「幸福なアラビア《エウダイモン》」とさえ呼び慣わされている。「アラビア」がアレクサンドロスの心に根を下ろしたのは、おそらく前年の暮、カルマニアのサルムースでネアルコス一行から、その中間報告を聴いて以来のことだったであろう。エクバタナの王宮での、延々と続く熱っぽい計画討論の雰囲気からは、この壮図がやがて、かれ自身にとって、またネアルコスにとっても、見果てぬ夢に終わろうとは、想像もできなかったにちがいない。けれどもその頃、エクバタナの澄んだ秋空には、思いがけぬ翳《かげ》りがおこった。その翳りのなかに、ひとは何か前途のただならぬことを、わずかにでも予感しなかったであろうか。

## ❖「第二の我」の死とバビュロン帰還

アレクサンドロスはこの町に滞在中、東征の完結を記念して、神々に感謝の犠牲式を行い、盛大な奉納祝祭典を催すことにした。賑々しい祝祭行事と無礼講の祝宴とが交錯した。アレクサンドロスも気心知れた側近たちと、くつろいで賑やかに飲み暮らす。ヘファイスティオンだけは、少し発熱気味で引き籠り中だったが、医師は、安静にさえしていればさほどの心配はないという。しかしかれの方は、無聊《ぶりょう》のあまり、酒食歓語の誘惑を抑えかねた。不摂生によるかれの病状の悪化は、まもなく顕著で、しかも急速だった。八日目、かれは卒然と死ぬ。このヘファイスティオンとアレクサンドロスとの関係には、一種ただならぬものがあった。アレクサンドロスはかれのことを、「いまひとりのアレクサンドロス」だとまで公言していたし、みずから、ふたりのことを、アキレウスとその親友パトロクロスの間柄になぞらえるのを好んだともいう。しかし、遠征の過程を見ると、そのどの局面においても、かれは意外にぱっとしない、映《は》えない存在なのだ。軍中での人望も、さほど高くはなかった。そのかれが帰還の直後、王につぐ、新帝国の共同統治者にも近いほどの高い地位に挙げられたのは、もっぱらアレクサンドロスとの特別な、個人的信愛関係のため、と考えるほかないのである。

そのかれが死んだ。アレクサンドロスの常軌を逸した悲嘆は、ほとんど狂的でさえあった。かれは、生きることにすら絶望したかのようであった。帝国の東半部は、王の死に準ずる重い服喪《ふくそう》令の下に静まりかえり、やがてバビュロンに帰還した王は、改めて衆目を驚かす豪華な葬儀を、かれのために計画する。この冬、ルリスタン地方のザグロス山中に住むコッサイオイ人たちは、不幸にも、死者の霊をとむらう犠牲《いけにえ》として、帰還途中のアレクサンドロスの狂暴な血祭りにあげられた。かれの「第二の我《アルテル・エゴ》」の慰霊のためになされた、この武力行使が、はからずかれ自身にとっても、最後の軍事作戦となったのは、何か暗示的でさえある。

前三二三年早々、かれはペルシア王室の伝統的な冬宮があるバビュロンに帰ってきた。八年ぶりのことである。かれはインドから帰還して以来、まだこの時まで、バビュロンには一度も足を踏み入れてはいなかったのだ。市門に近く威儀を正して出迎えた神官たちは、恭々《うやうや》しさをよそおいながら、託宣によれば、今この時期に、王が市内にはいられることは「凶」――不吉である、と重々しく告げる。アレクサンドロスは、それが実は神に名を藉《か》りた体《てい》のいい入市拒否であることを、他の情報によって承知済みだった。八年前にかれが指示しておいた神殿の修復、再建工事は、かれら神官たちの資金横領や神殿領収入の着服のために、ほとんど進捗《しんちょく》していなかった。入市阻止は、そうした悪事露見をおそれての弥縫《びほう》策だったのである。「神の都」にも、王の不在を利用した悪徳と退廃がはびこっていたのだ。アレクサンドロスは神意に従うとみせて、巧みに市内にはいり、神殿修築のことは、かれのきびしい監督下に、ふたたび活発に始められることになった。

この春いっぱい、かれはいろいろな土木建設工事の立案とか、その現地視察などに忙しい。エウフラテス川の河口付近に都市をつくって、流浪中の、あるいは除隊したギリシア傭兵を入植させる計画は、かれらの生活安定のためだけでなく、バビュロニア伝統の灌漑《かんがい》調節事業のためにも必要なことだった。やがて開かれるインド航路の発展のために、河口からペルシア湾沿いに植民都市群をのばしてゆくことも、すでにかれの計画のなかには組み込まれている。

### ❖アラビア遠征の準備完了

それらと並行して、初夏には出発を期したアラビア周航遠征の方も、もはや本格的な準備段階にはいっていた。旧に倍する大艦隊の建設、水夫の大量徴用。そして発進基地となるバビュロン港を、一〇〇〇隻収容可能の程度にまで拡張する工事も、突貫作業で始められた。計画最終案の決定のためには、すでに前年秋以来、四組もの予備調査隊があいついで派遣され、アラビア半島の完全周航は成らなかったものの、ペルシア湾側からの西回り組と、スエズ側からの東回り組と、その双方から、現在のアデン付近にまで到達した航海報告がもたらされたことで、周航の可能性は十分確証されていた。

ヘファイスティオンの陵墓建設が、アレクサンドロス自身による土地選定をまって始められたのも、この同じ時期のことである。一辺一八〇メートル、七層という巨大な規模の堂宇《どうう》が、死者のために予定された。アレクサンドロスはなぜか心急《せ》く思いだった。無数に必要な日乾《ぼ》し煉瓦の製造には、時間がかかりすぎる。沖積地層のバビュロン周辺では、石材はむろん乏しい。思い余ったかれは、名だたるバビュロンの城壁を、およそ二キロの間にわたって取り壊し、その煉瓦材を陵墓建設のために転用するよう、工事関係者に命じたといわれる。かれ自身の死ももう、すぐ間近かにあった。バビュロン帰還以来、さまざまの不吉な前兆がかれの周辺におこったことを、記録は伝えている。かれは、亡き親友のために計りながら、しかもそこに自分の運命を直感して、心急《せ》く思いだったのであろうか。

五月も末近くになると、アラビア周航遠征の準備はほとんど完成して、出発の日を待つばかりになった。見違えるほど拡張されたバビュロン港には、アレクサンドロスがはじめて試作を命じた新型の七段櫂船も、すでにその大きな船体をエウフラテスの河水に映《うつ》している。今度も艦隊の指揮は、ネアルコスがとることになった。かれらと協議して練りあげられた最終案では、進発はこの六月四日に予定されている。これでゆくと、ほぼ一〇月はじめまでにはアデン湾頭に到達し、そこから北東モンスーンの追風に乗って、紅海に進入できるはずだ。この遠征が達成できたら、そのつぎにはカルタゴ、シケリア島から「ヘラクレスの柱」（現在のジブラルタル海峡）にいたる、西地中海への遠征計画が、すでにこの時期のアレクサンドロスには、ある程度の具体性をもって構想されている。アレクサンドロスは夢を追うのではない。アレクサンドロスが夢をつくるのだ。そしてその夢を現実のものにするまで、かれは自分の可能性を徹底的に試《ため》さずにはいないのである。

## ❖限りない夢と可能性を遺して

アレクサンドロスは前にも述べたように（一〇六頁参照）、事にあたって現実《レアル》的なものの考え方、そして合理的な判断をする人間だったが、その反面、遠征中も神々への供犠を怠らず、母親の血も享《う》けてか、卜占にも耳を傾けるところがあった。最近、王の身辺に凶兆があいつぐという。神官たちの勧めで、かれが神々を祀ってお祓《はら》いを受けたのは、五月二九日のことだった。そのあと、側近たちに招かれたアレクサンドロスは、つい先刻の、神官たちの憂い顔を吹きとばすような勢いで、集まった仲間たちと威勢よく、夜っぴて痛飲する。親しい仲間うちだけの酒の席には、アジアを征服した帝王もなければ、窮屈な宮廷儀礼も必要でなかった。——ダレイオス三世とはじめてあい見《まみ》えたイッソスの戦い、こちらもついには音《ね》を上げそうになったテュロスの攻城戦、連勝の気のゆるみをつかれたような、「ペルシア門」での思いがけぬ苦戦、ダレイオスを追跡する、ヒュルカニアでの最後のデッド-ヒート、今となっては懐しく思い返されもする、ヒンドゥクシュの雪山越え、ソグディアナでの、砂漠と岩山の長期戦、カーブル峡谷の奥深い、あのアオルノス攻めは何と大仕事だったことか。それにインド。マッロイ族の城中に単身で跳び込んだ王の無謀も、今では武勇談の随一だ。遠征の回顧談は酒とともに語り尽きず、語ればすべてが、体験者同士の共感とひびき合って、眼前に昨日のことのごとく去来する。夜明け近く、深酔いしたアレクサンドロスは、自室に帰ろうとするところをまた、メディオスという、その頃とりわけ親しかった側近のひとりに誘われ、ふたたびその日の夜遅くまで飲み続けた。アレクサンドロスが発病したのはその翌日、六月一日のことだったという。

『病床日録』ともいうべきものが、記録として遺っている。それによると、かれは高熱が続くさなか、発病の日(一日)、その翌々日(三日)、そして遠征進発予定日の翌四日、さらに五日、六日と、ほとんど連日のように、ネアルコス以下艦隊の首脳部を病床に招いて、航海の準備と作戦方針に関する細目の指示を与えている。新鋭の七段櫂船の旗艦に坐乗して、ホルムズ海峡を越える日のことを、かれはインダス河口での、あの果てしない黒いうねりや潮風の思い出とともに、どれほど久しく待ったことか。しかし八日目になると、かれの病状はもはや口をきくこともできないまでに悪化した。兵士たちは、静まりかえった宮廷の空気に、危惧と不安の思いを深めて、「われらの王」への面会を強請する。「多数の兵士たちが、悲しみとかれらの王に寄せる憧れとから、アレクサンドロスの様子をひと目でも見ようとつめかけた。かれらが口々に語るところでは、兵士たちが列をなして傍らを通りすぎるとき、かれはもう、ものもいえない状態だったが、それでもかれはひとりひとりに心持ち頭をもたげるようにして会釈を返し、両の眼でもってうなずき返すのだった、と」(アッリアノス『アレクサンドロス東征記』)。アレクサンドロスと兵士たちとの、言葉を超えた心の結びつきが、そこにはあった。自然な、しかし真率な信愛のつながりを見せた、最後の訣別《けつべつ》であった。

この翌日、前三二三年六月(マケドニア暦ではダイシオスの月)一〇日の夕刻、アレクサンドロスは死んだ。

# 一〇年の足跡

## ❖「世界帝国」の継承問題

アレクサンドロスの死は、かれが実現した事業の巨大さにくらべて、あまりにも早すぎた。三大陸にまたがり、多くの民族をかかえ込んだ、文字通りの「世界」帝国を、政治的、社会的に破綻《はたん》なく維持するということは、征服そのものよりも、ある意味ではるかに困難な問題だった。たとえアレクサンドロスの力量をもってしても、それはおそらく至難のわざだったにちがいない。アレクサンドロス帝国の現実は、その組織の面でも、社会的安定の面でも、まだまったく未完成の状態にあった。むろん、そうした問題の解決こそが、東征を終えた段階のかれにとっては、最重要な「今後の課題」だったのだ、といわれるかもしれない。しかし、どのような仕方、組織でその解決が試みられるにもせよ、帝国の現実を、全体として掌握できるだけのすぐれた統括力なり、強烈な指導力といったものは、やはりアレクサンドロスその人を抜きにしては、とうてい他に求め難いのが実情だったようにみえる。「アレクサンドロス帝国」――それも形成の途上にあるこの帝国の存在が、こうして、もっぱらアレクサンドロスという、一個の卓越した人格、余人をもってしては代え難い、かれの個人的な力量と個性とに分かち難く結びついていたとするならば、かれの突然の死が、そのまま帝国統括の中枢における、埋めることのできない空白を意味し、それがそのまま、帝国の混乱と分解をうながすきっかけになったのは、むしろ当然だったといってよい。

アレクサンドロス以後の権力をめぐる争いは、安置された王の遺体を前にして早くも始まる。さしあたって闘争を誘発したのは、誰をつぎの王に立てるかという、王位継承の問題だった。マケドニア軍内部の世論はこれによって二分された。歩兵部隊はあくまでもマケドニア国家中心主義の立場に固執して、病弱だがフィリッポス二世の血脈をひく、故王の異母兄のフィリッポス＝アッリダイオスを王にもとめ、これに対して貴族騎兵部隊は、故王が敷いた東西の融和協調路線を受けつぎ、その象徴として、故王と東方人の妃ロクサネとの間に生まれる予定の男児を、王位に置こうとする。アレクサンドロスがその帝国安定のために不可欠の基盤として打ち出した、東西の融和推進という中心的な政策課題は、こうして、王を失ったその途端に、強い反動の巻き返しにさらされることになったのだ。バビュロン王宮では、反対派追放のクーデタや暗殺がくり返されるが、やがてアッリダイオスも故王の遺児も、ともに王位に並立《へいりつ》するという妥協案が成立し、側近者のうちの最有力者として、ペルディッカスが摂政《キリアルコス》の地位につくことになった。

### ❖「後継者戦争」と帝国の解体

しかし、このいわゆる「バビュロン暫定体制」が、いずれにせよ、すでにまったく名目的でしかない王権の下で、権力調整の機能をよく果たしうるものでないことは、もはや誰の眼にも明らかだった。自分の死後この帝国は、「もっとも強いものの手に」委ねる——、アレクサンドロスはこういい遺したという、まことしやかな遺言伝説がまもなくつくり上げられた。有力な部将たちは、やがてこの故王の「遺言」なるものを、それぞれに自分の大義名分として、形式的な王権のもとで、公然と帝国の跡目相続をねらって活発に動きはじめる。隻眼《モノプタルモス》のアンティゴノスのように、帝国領を全体として、そっくりわがものにしようという、大きな野心に燃えるものもあれば、プトレマイオスのように、もっと現実的に大局を見渡して、いち早く帝国のもっとも有望かつ安定した一部分だけを切りとって、そこに自分の支配権を固めようと企てるものもあって、激しい軍事的衝突が各地にくりひろげられた。

ギリシア本土でも、今度こそ正真正銘の王の訃報《ふほう》が伝わると、マケドニア権力からの独立回復をもとめる激しい武力蜂起が、アテナイを中心におこった。ギリシア側ははじめ有利に戦いを展開したが、アテナイはやがて海上に敗れ、またアンティパトロスのマケドニア軍側に、クラテロスの率いる東方からの帰還部隊が来援するにおよんで、かれらの戦勢は非に傾き、同盟諸国の結束も破れて、一年ののち屈服した。デモステネスも、この最後の反マケドニア闘争に敗れたとき、みずから毒をあおいで死んだ。

権力闘争では、ただ実力で相手に勝つことだけが、地位と権力の正統性を保証する。そのため、この時期には、かつて見られなかった規模の大傭兵軍が有力部将たちによって編成され、戦いに投入されたが、そうした兵士の大量雇傭が可能になったのは、アレクサンドロス帝国の成立によって、莫大な財貨が流通過程にのせられた結果であった。十余年前、アレクサンドロス東征のさいには、イラン高原からさらに東への進軍それ自体が、従来まったく未知未経験の探検的遠征、したがって歴史的な大事件として、人々に記憶された。しかし、今や有力部将たちの権力闘争の舞台、かれらが率いる軍隊の行動範囲は、かつてアレクサンドロスの東征軍が辛苦して征服し、きりひらいた帝国領土の、ほとんど端から端までひろがり、まるで潮の満干のように、西はギリシア本土、小アジアから、東は遠くイラン東部にいたるまで、大軍が自由自在に駆けめぐるようになった。わずか一〇年ばかりの間に、何という変わりようであろう。

「後継者戦争《ディアドコイ》」（前三二二〜二八〇）の名で知られる、このアレクサンドロス帝国の分解過程は、その間に有力部将たちの複雑な合従連衡《がっしょうれんこう》、遠交近攻のめまぐるしい外交的転換を含みながら、四〇年の歳月を経てようやく、帝国が本来持っていた自然的、歴史的な区画、境界を明らかにした。エジプトには、もっとも早くプトレマイオスの統治権が安定し、東方にひろがる広大な旧ペルシア帝国領には、政治的社会的に、より不安定な要素を多くはらみながらも、全体としてセレウコスの支配が形成された。本国マケドニアでは、フィリッポス-アレクサンドロス王家の一族が、戦乱の渦中でつぎつぎに権力政策の犠牲となって絶滅され（前三一〇）、激しい抗争の末に、アンティゴノス=ゴナタスの王統が確立した（前二七七）。「アレクサンドロス帝国」はこのようにして、成立とともに、というよりも形成の途上で、解体し、そのあとには右にみた、いわゆる「ヘレニズム三王国」を基軸とする、新しい国家系が成立することになった。この、現実の三王国の形成は、長い眼でみれば、それが自然的、歴史的な区分に沿うものであったかぎり、アレクサンドロス帝国がいずれはたどった姿だったのかもしれない。

## ❖「軍事的征服者」アレクサンドロス

その姿はまた、表面的にだけ観察すれば、結局アレクサンドロス以前の状態に逆もどりしただけのようにも見える。しかし、それでも世界は明らかに、以前とは変わった。ではアレクサンドロスは、いったい歴史に何を遺したのか。時代に対し、また時代を超えて、かれはどのような変化を歴史にもたらしたのか――。こうした問いに対して、むろん簡単な答えはできない。

ここではまだ、この大きな問いかけに答えようとする姿勢しか出せないが、その問題を考えてみる前に、ひとつふたつ、今一度見直しておきたいことがある。あたり前の、ある意味では常識的なことなのだが、やはり注意したい点なのである。

第一に、東征は何よりもまず、西方人による東方各地への侵略――軍事的征服行であり、アレクサンドロスは他のいかなる性格づけにもまして、「軍事的征服者」であったということだ。アレクサンドロスとその東征の歴史的な意味づけも、この当然すぎるほど当然の事実認識から始められなくてはならない。東征を世界文化史の上で位置づけて、それが高く評価されるべきことは、改めていうまでもないが、ただギリシア文化の伝播、移植――「東方のヘレニズム化」といった文化現象は、どこまでも軍事的征服に付随したその結果として、第二次的な影響効果として発現したもので、それ自体が遠征当初の、あるいは遠征本来の、直接の目的ではなかったということ。これはやはり注意して考える必要があると思われる。たとえば、エジプトのアレクサンドレイア市のような例外を別にすると、大部分がイラン東部からバクトリア・ソグディアナ地方に集中した、いわゆる「都市」建設の目的がそうだった。それらは東征の延長につれ、当然まず何よりも軍事目的に沿って、要域守備、後方連絡、兵站補給などのための駐留基地として設営された（一四八、一七八頁参照）。そこでのギリシア的生活文化の伝播とか土着化の問題は、そこに定住し、あるいは現地住民と混和した歳月の、自然の結果ではあっても、本来激しい征服戦争の過程にあって、最初から「意図された」（W・W・タアン）ことではなかったであろう。

同じような視点からする見方の偏《かたよ》りは、アレクサンドロスが東西民族の和合協調を打ち出した政策の評価についても、いえる。第二次大戦前のある学者は、このかれの「思想」をもって、やがてキリスト教の平等愛の教えにも道をひらく、「人類同胞の理念」に裏づけられたものだ、と高く評価した（W・W・タアン）。けれども、これが実際にはおそらく、世界帝国安定のための、ごく現実的な政策発想だったであろうことは、前にも触れたごとくである（二三一頁参照）。征服優先の軍事行動が、かれのばあいにもいかに残虐酸鼻《さんび》をきわめたかは、遠征後半、とりわけインド進攻の経過がこれをよく示証しているだろう。

## ❖ペルシア帝国の遺産とアレクサンドロス

欧米の古典的アレクサンドロス評価には、概してかれの文化史的な役割を強調する向きが強い。つぎも、そのひとつの表現例である。「アレクサンドロスは文明の破壊者ではなく、（神話伝説にいう）ヘラクレスやディオニュソス神のように、文明のもたらし手なのであった」（C・B・ウェルズ）。こうした評価の仕方は、しかしアレクサンドロスの軍事的征服があったればこそ、東方世界は高いギリシア文化の恩沢《おんたく》に浴することができたのだ、という発想をふまえていて、ここには、侵攻を受けた東方人の立場からする評価の視点というものは、むろんない。その意味で、一面的であるという批判は免れ難いであろう。

今ひとつ、征服されたペルシア帝国は、もともとそれ自体が、多民族構成の広大な「世界」帝国であった。これにとって代わったアレクサンドロスにしてみれば、そのいわば「旧制度」は、それゆえ新しい統治のための、ひとつのすぐれた模範であり、範型であったにちがいない。ペルシアの王朝文化の実体もまた、アレクサンドロスの想像を超えて、その内容外観の洗練豪華がかれを驚かす。貢納と軍役の義務に臣従の礼を果たすかぎり、被征服民に対しては、できるだけ寛厚をもってのぞむ行政態度と、王のなかの王の荘重華麗な威儀の誇示と——。かれはそこに、おそらく「世界」統治の奥義を見る思いがしたことだろう。アレクサンドロスは、太守《サトラペイア》制をはじめとする行政諸制度だけでなく、宮廷儀礼、慣習なども、多くこれを旧制のままに存置した。こうした諸点に関するかぎり、かれは変革するために征服したのではなくて、逆に継承するために征服したのだ、といっても、あながち誤りではない。かれが旧制度から踏襲したり、また新しく独自に打ち出したりした、政策のすべては、この征服し、継承した世界帝国を、どう安定的に結合し、維持するか、といった現実的な発想によって、規定されているといってよい。そして、そうした征服、継承の全過程を包み込みながら、やはり「世界」は、アレクサンドロスによって大きく変わったのである。

## ❖「開かれた場」としてのヘレニズム世界

何が、では変わったのか。個々の問題、具体的な事実を超えて、ここで大切なのは、アレクサンドロスがつくりだしたひとつの新しい「状況」であり、新しい「場」の問題だったのではないだろうか。かれは、ギリシア・マケドニアから、イラン東北部、インド西北辺境にまでひろがる広大な領域を、ひとつの「開かれた世界」としてつくりだし、少なくともそのような状況をつくりだそうと志した。このことは、おそらく間違いない。この「開かれた場」のなかに立って、本国マケドニアの、わけてもギリシア諸国の、狭く偏った地方主義《パロキアリズム》を改めて見直したとき、その新しくえられた広い視圏と遠近感覚の下で、「世界」は何と違った形姿をとり、新鮮な色合いを帯びて、人々の眼に映るようになったことだろう。

ギリシア人のばあいを例にとってみよう。アレクサンドロスの東征以後、かれらは傭兵や商人、旅行者などとして、おびただしく外地を動きまわるようになったが、かれらのその行動半径、あるいはかれらが植民者として移住し定着する、その生活範囲は、一挙にはるか東方まで拡大した。最近発見された、そのもっとも重要な具体例を紹介することが、ここでは適切かもしれない。アフガニスタンのアム（オクスス）川《ダリヤ》左岸、かつてのバクトリア地方の東北隅に発見された壮大なアイ－ハヌームの都市遺跡は、おそらく前三二八年冬、スピタメネスの蜂起を

アレクサンドロス
（イスタンブール考古博物館蔵）

鎮定したあと、アレクサンドロスが旧帝国時代の一辺塞《へんさい》に建設した都市にまで溯るか、とも推定されている。そうなるとむろん、東征に直接かかわる遺跡が、今日ほとんどすべて廃滅したなかで、しかも最古、最遠辺の遺跡として、その価値は比類を絶するであろう。

一九六五年以来、フランスの学者たちによって発掘調査が現在も進められているが、それによると、ここに駐留定着し、あるいは交替して代を重ねたギリシア人たちは、古典期ギリシアの形式に忠実に神殿を建て、体育館や闘技場などをととのえ、本国から五六〇〇キロもへだたったこの僻遠《へきえん》の地に、本国の都市《ポリス》生活と寸分違《たが》わぬ市民生活を実際にくりひろげていたらしい。豪壮な私邸と覚《おぼ》しい建物の玄関には、アカントス葉飾りのコリントス式柱頭を持つ列柱さえ立っていたと推定されている。さらにここの出土遺品で興味を惹くのは、旅行家として知られるアリストテレス学派の学者（前三四〇～前二五〇年ころ）のことかと思われる、クレアルコスという人物が、はるばるこの東方の植民都市を訪れて、その記念に、題詞《エピグラム》とデルフォイの箴言《しんげん》とを書き遺した、その現物が発見されたことだ。発掘調査が現在までに明らかにしたただけでも、ここには、アレクサンドロスによって方向づけられた、「開かれた世界」への雰囲気を、いかほどか実感として感じとることができるであろう。

### ❖巨大な情念

外形はなおも伝統のなかにこれを求めながらも、もはや必ずしも共同体的な枠組みに捉《とら》われることのない、自由人の発想、「独り立つ」強い個人の生き方を説く個人倫理が、この時代の人々の心情に強く訴えるところを持ったのも、ごく自然な成り行きだったにちがいない。「開かれた思想」としての、かれらの世界市民主義《コスモポリタニズム》を支えるのは、こうした、個としての人間の価値の自覚であり、すべての差別、すべての特権をとり払った裸の人間の平等性だった。ストア派やエピクロス派の教説の根底には、このような、「開かれた時代」、「開かれた世界」に照応する、精神が息づいているのであろう。

アレクサンドロスは、軍事的征服者であるとともに、また未知なるものへの強い憧れと好奇心を持つ探検家でもあった。探検の精神は、いわば外に向かって開かれた精神、自由に飛翔する可能性の精神である。ネアルコスの航海にせよ、最後のアラビア半島周航計画にせよ、それらは征服の過程として実行あるいは計画されながら、しかも単なる征服にとどまらない、征服を超えた意味と目的とを宿していた。というよりもむしろ、あの東方遠征そのものが、アレクサンドロス自身にとっては、未知の力と対決し、未知の世界をみずからの手できりひらこうとする、激しい情熱の対象であり、自分の可能性をその限界まで試みるための対象でもあったのであろう。
それはたしかに、アレクサンドロスというひとりの人物の情念の問題であった。その巨大な情念の奔流が、かれにおいては軍事的征服という外観をとった。それは世界を変え、新しい未来を、たしかな手ごたえをもってきりひらいた。アレクサンドロスの、「時代」創造者としての世界史的な位置は、個人を超えてやはり大きいといわなくてはならないのである。

—了—

# あとがき

アレクサンドロスという人物は、何よりもその強烈な個性において、あるいは強烈な個性の奔放ともいえる溢出《いっしゅつ》において、ほとんど古代世界に卓絶する。しかも、生涯の行実を通じて、心の内奥にいだき続ける「理念」が、現実の「政治家」につねに先行した、そのかれのごとき例は、世界史を見わたしても、まったく稀有《けう》のことに属したであろう。かれが内心にいだき、追い続けた理念、それはΚΛΕΟΣ《クレオス》―「誉れ」だった。世界帝国の建設も、世界の涯《はて》への到達努力も、すべてはこの「アキレウスの目的」をより高く、より十全に追求する、その過程の道標であり、みずから求めたそのための「試み」にすぎぬ。ひとりの人間が極限まで自己の可能性を拡大しようと試みるとき、その鮮烈な自己中心主義《エゴティスム》の放散は、周囲のすべてのものにひたすらな献身と犠牲とを強要して顧みるところがない。しかし、そのような熱塊のごとき個性は、やがてほかならぬかれ自身もまた、神神によって、燔祭《はんさい》の贄《にえ》とされずにはいないだろう。かれは「人間」としての定められた矩《のり》を超えて、自己のなかに神を求めようとする。それは神々に対する挑戦でもあった。かれは天に向かって飛翔するイカロスだった。かれの夭折は、おそらく「神々に愛された」がゆえではない。むしろその逆だったのであろう。

アレクサンドロスの志向は、こうしてつねに求心的だった。そのかれの征服遠征が、結果としてひとつの新しい世界、新しい時代社会を開く端緒になったことは、むろんそうしたかれの個人的志向なり才能だけから結果したわけではない。かれの個性をひとつの社会的な勢力として支え、かれの能力と可能性を存分に発揮させた時代状況——同時代の社会的諸条件こそが、現実態としてのアレクサンドロスをつくりだした。前四世紀後半の社会状況は、ギリシアでも東方《オリエント》でも、すでに古典期の堅実さを失って、一種の流動化を見せており、それこそが、まさに「ヘレニズム」への前駆症状だった。「ヘレニズム」という新時代を生み出したアレクサンドロスは、こうして同時に、かれ自身がヘレニズム的な時代状況のなかではじめて、その活動を準備し、展開することができたのだった。

最後の節でも若干触れたように、欧米の研究にはしばしば、アレクサンドロスの東征に文化的な目的意識を強調したり、世界帝国形成への政治的意図、ないしはその裏付けとして、高邁《こうまい》な政治社会思想の芽生えを認めようとしたりする見解が行われているが、私はこの本のなかで、そうした見方を採っていない。アレクサンドロスにとって、東征はおそらく徹頭徹尾、軍事的征服行動そのものだった。武力征服こそがかれの「誉れ《クレア》」であり、「誉れ」への確実な道程であった。被征服民との融和協調とはいっても、まず第一義的には、いっそうの前進を可能とする、そのための後方安定策として考えられたであろうし、最晩年の、東西「和合《ホモノイア》」の発想にしても、それは、アレクサンドロス自身が、今後はもっぱら関心と努力を世界帝国の経営に、つまりは「政治」に傾注しようとする姿勢にある、ということを、決して前提としてはいない。むしろその時すでに、かれは新たな「誉れ《クレア》」をさらに外へ、アラビア周航遠征へ、求めようとしていたのではなかったか。

アレクサンドロスにおいて、すべての行動目的が「求心的」に、おのれ自身の「誉れ」を志向したことは、それだけかえってかれの行動そのものに、外に向かう「遠心的」ともいうべき傾向性を持たせることにつながった。当然のことであろう。「政治」は日常的なものであり、それゆえに、かれにおいて、「誉れ」とはなりえないからだ。治者は、まずみずからが治に居らねばならぬ、とするならば、アレクサンドロスはその本質的なところで治者ではなかった。しかしそのことは、時としてかれの政策の一、二に、するどい政治的洞察が閃《ひらめ》くこととは、まったく別の話なのである。

ギリシア、ドナウ川周辺からインドにいたる、アレクサンドロスの遠征、征服の歴史を読むと、その断面いたるところに、各地固有の生活文化の長い伝統が、その露頭を見せていることに気づく。アレクサンドロスの歴史は、いわばそれ自体がひとつの世界であり、したがってまた、ひとつの世界史をそのなかに包み込んでいる。かれの征服活動が、各地の異なる文化社会、異なる生活伝統にどの程度の衝撃を与え、どんな影響をあとに遺したか——東征の歴史的役割なり意義といったことと直接あい渉《わた》るこの問題は、そうなると私などにはまだとても簡単には論じ難い、博大な奥行きを持つ大問題となる。今後の宿題にしなくてはならない。

限られた紙幅のため、触れるべくして通りすぎた事実も二、三にとどまらない。また、欧米の関係書に、多く布陣図つきで刻明に記述される、主要戦闘の戦況推移についても、本書ではほとんどこれを省略した。戦史は、おのずから独立した別個の歴史叙述を成すと考えたのも、そのひとつの理由だが、ただし各戦闘で、本質的に重要と思われる点、あるいは特徴的と思われる様相については、史料からの直接引用を含めて、できるだけ具体的な状況を鮮明にしたいと思った。

文中、あるいは思わぬ誤りや考え違いを犯していることも測り難い。巨細を問わず、識者の好意ある御叱正をいただきたいと思う。なお人名や地名の表記については、必ずしも統一を期しえなかった。御寛恕をお願いしたい。後掲の「参考文献」に見られるように、これまでわが国には、アレクサンドロス史についてのまとまった単行本は、一、二の翻訳をのぞくと、まだなかった。この書物にも、このあたりの事情に、印行のささやかな意義を認めていただければ、幸いである。

小著ではあるが、ともかくも一本を成しえたこの機会に、学恩深い諸先生に心からのお礼を申し上げたい。また京大医学部、宇山昌延博士の不断の懇篤な診療をいただかずしては、安心して執筆を続けられなかったのも事実である。同博士および、辛抱づよく成稿まで待って下すった、編集部の徳永隆氏にも、あわせて感謝の言葉を申し述べなくてはならない。

一九七五年四月一二日　　大牟田　章

「新訂版」あとがき

この二月末、「特別展　古代ギリシャ―時空を越えた旅」（神戸市立博物館）を観に行った。七十年代から三度、春はバスに乗って、ギリシア、トルコの遺跡と島を巡ったことを鮮やかに想い出す。特に展示品のなかのアレクサンドロス像（アテネ・アクロポリス博物館蔵）は、レオカレス（本書四〇頁参照）によるオリジナルらしい。「カイロネイアの戦い」直後の若いアレクサンドロスだ。

この春の出版のおしらせとアレクサンドロスに会えたのと、不思議な縁が私を元気にしてくれた。四〇年前に出版された本書を復刻して下さった清水書院渡部哲治氏の御厚意に改めて御礼を申し上げたい。

二〇一七年三月　　大牟田　章

# アレクサンドロス大王年譜

（年号はすべて紀元前）

| 西暦 | 年齢 | 年譜 | 関連事項 |
|---|---|---|---|
| 三八〇 | | | イソクラテス、『パネギュリコス』を発表。 |
| 三七八〜三七七 | | | アテナイ、第二次海上同盟を結成。 |
| 三七一 | | | レウクトラの戦い――テバイ、覇権をにぎる。 |
| 三六二 | | | マンティネイアの戦い――テバイ、衰退に向かう。 |
| 三五九 | | マケドニア王ペルディッカス三世、イリュリア人と戦って敗死。弟フィリッポス摂政となり数年内に即位。 | |
| 三五七 | | フィリッポス二世、アンフィポリス市を占領。このころエペイロスの王女オリュンピアスと結婚。 | 同盟諸国、アテナイに反抗してこれを屈服させ、海上同盟は実質的に解体（同盟市戦争〜三五五）。 |
| 三五六 | | フィリッポス、トラキアのパンガイオン鉱域を獲得、さらにポテイダイア市を占領。7月、アレクサンドロス、ペラの王宮に生まれる。 | フォキスとテバイ（アンフィクテュオニア同盟）との間に、第三次神聖戦争始まる（〜三四六）。フォキス人、デルフォイ神殿を占拠。 |
| 三五三 | 3 | | イソクラテス、『アンティドシス論』を発表。 |
| 三五一 | 5 | | このころデモステネス、『フィリッポス弾劾論』第一を発表。 |
| 三四九 | 7 | フィリッポス、オリュントス市を攻囲（三四八年秋占領）。 | デモステネス、『オリュントス防衛論』第三を発表。 |
| 三四七 | 9 | | プラトン死ぬ（四二九〜）。 |
| 三四六 | 10 | マケドニア-アテナイ間に、「フィロクラテスの和約」成立。 | 和約成立後、イソクラテスが『フィリッポス宛て公 |

| | | | |
|---|---|---|---|
| 三四三 | 13 | フィリッポス、ペルシア王アルタクセルクセス三世と相互不干渉の平和友好条約を結ぶ。アリストテレスがアレクサンドロスの師として招かれ、ミエザの学問所で教育にあたる（〜三四〇）。 | 開書簡』を発表。<br>ペルシア王アルタクセルクセス三世、エジプトに親征して現地の反乱を鎮圧。 |
| 三四二 | 14 | フィリッポス、トラキアに遠征して、フィリッポポリスを建設。 | |
| 三四一 | 15 | 小アジア西北端アタルネウスの僭主ヘルメイアス、対ペルシア陰謀のかどで逮捕処刑される。 | デモステネス、『フィリッポス弾劾論』第三を発表。 |
| 三四〇 | 16 | フィリッポス、ビュザンティオン・ペリントス両市を攻囲。<br>アテナイはふたたびフィリッポスと開戦。<br>アレクサンドロス、摂政となり、ミエザからペラに帰る。<br>マイドイ族を征討して、アレクサンドロポリスを建設。 | |
| 三三八 | 18 | 8月初、カイロネイアの会戦。戦後、アレクサンドロスは使節としてアテナイにおもむく。<br>フィリッポス、コリントスに諸国代表を召集して、「コリントス同盟」を結成、その盟主となる。秋、ペロポネソス諸国を巡歴（〜三三七年初）。 | ペルシア王アルタクセルクセス三世暗殺（在位三五八〜）。イソクラテス死ぬ（四三六〜）。 |
| 三三七 | 19 | フィリッポス、マケドニアに帰還。<br>オリュンピアスを離縁して、アッタロスの姪エウリュディケと結婚。家庭不和、アレクサンドロスは、一時母とともに国外に退去。 | |
| 三三六 | 20 | 春、パルメニオンとアッタロス、小アジア西北部へ東征先発軍を率いて出発。 | ダレイオス三世、ペルシア王位に即く。 |

| | | | |
|---|---|---|---|
| | | 初夏、オリュンピアスの弟でエペイロス王のアレクサンドロス、フィリッポスの娘クレオパトラと結婚。その祝典で、フィリッポス二世、暗殺される（在位三五九〜）。アレクサンドロス即位。ギリシア諸国離反の動きを制圧。 | |
| 三三五 | 21 | 春、王国北方をドナウ川沿岸まで制圧。さらにギリシア本土に南下、テバイ市壊滅。コリントス同盟会議で、翌春の東征進発を決定。 | エジプトにふたたび対ペルシア反乱起こる。北方遠征中、王戦死の虚報に、ギリシア諸国蜂起するも失敗。 |
| 三三四 | 22 | 5月初、東征軍はアンフィポリスに集結、進発。ヘレスポントス海峡を渡り、グラニコス河畔に会戦。小アジア西部諸都市を「解放」。ミレトスとハリカルナッソスの抵抗。艦隊を一時解散。 | |
| 三三三 | 23 | 春、全軍が冬営地ゴルディオンに再集結。7月初、「キリキア門」を越えてタルソスにはいる。アレクサンドロス病み、9月末まで休養。11月初、イッソスの会戦。 | ペルシア海軍、メムノンの下でエーゲ海域に大反攻を開始。メムノン病死。9月末頃、ダレイオスはアッシリアのソコイに進出、待機。ダレイオス、イッソス敗戦後、講和を申し入れる。 |
| 三三二 | 24 | 1月、テュロス市の大攻囲始まる（8月陥落）。9月、ガザ市の攻囲（10月陥落）。エジプトへ進攻、無抵抗で征服完了。 | 春、ペルシア側の騎兵、傭兵軍が、小アジアへ反攻を企てる。夏、ダレイオス、第二回の講和申し入れ。 |
| 三三一 | 25 | 年初、ナイル川河口部を調査、新都市の建設に着手。リビュア砂漠中のアモン神祠へ旅行。晩春、エジプトから進発、テュロスに滞在、待機。10月初、ガウガメラの会戦。 | パレスティナ、サマリア地方占領地に反乱発生。同じ頃、ギリシア本土でスパルタ王アギス三世が反 |

| | | | |
|---|---|---|---|
| | | バビュロン市へ無抵抗入城。11月中旬進発、スサを占領。年末、「ペルシア門」に苦戦。 | マケドニア蜂起。秋、敗死。 |
| 三三〇 | 26 | 1月初、ペルセポリスを占領、劫掠。晩春、王宮を焼く。エクバタナに進出、コリントス同盟軍を正式に解散。アレイアで、太守サティバルザネスの下に住民が蜂起。フラダで、王暗殺の陰謀発覚。フィロタス、事件の黒幕として処刑され、その父パルメニオンもまた、王命によりエクバタナで暗殺される。9月末、フラダ出発、ヘルマンド河谷を遡る。カピサ-ベグラムで冬営。 | デモステネス、『冠について』を発表。リュクルゴス、『レオクラテス弾劾論』を発表。夏、エクバタナから東走中のダレイオス三世、側近のベッソスらに殺害される。ベッソスは、バクトリアで王を称し、抵抗意志を明らかにする。 |
| 三二九 | 27 | 早春、ハワク峠経由でヒンドゥクシュ山脈を越え、バクトリアに進攻。さらにソグディアナへ北進し、ベッソスを捕える。スピタメネスの下で、ソグディアナ住民蜂起、やがてバクトリアにも波及。ポリュティメトス川での敗北をはじめ、二年間各地で苦戦。 | |
| 三二八 | 28 | バクトラに来訪したホラスミア王の使節が、王に黒海周辺の征服を誘う。夏、マラカンダで、王のクレイトス刺殺事件起こる。 | ベッソス、バクトラで処刑される。初冬、スピタメネス、クラテロス軍と戦って敗れ、のち暗殺される。 |
| 三二七 | 29 | 早春、「ソグディアナ岩砦」攻略、守将オクシュアルテスの娘ロクサネと結婚。さらに「コリエネス岩砦」を攻略。春、バクトラで跪拝礼の導入を試みて失敗。晩春、近習たちによる王暗殺の陰謀発覚。カッリステネス、陰謀使嗾の容疑で逮捕（処刑か?）。 | |

| | | | |
|---|---|---|---|
| 三二六 | 30 | 6月、南進してふたたびヒンドゥクシュ山脈を越える。<br>初秋、カーブル峡谷に向け進発、スワート地方平定戦（9月～翌年3月）。<br>3月、「アオルノス山砦」を攻略。インダス川を渡り、タクシラにはいる。<br>5月、ポロス王の軍とヒュダスペス河畔に戦う。<br>7月下旬、ヒュファシス河畔に達したが、将兵の前進拒否のため、反転。<br>11月初、ヒュダスペス河畔のニカイアから、インダス川下りを開始。 | |
| 三二六～三二五 | | マッロイ人との戦闘で、アレクサンドロス瀕死の重傷。<br>この前後、インダス流域各地で無差別殺戮が相次ぐ。 | クラテロス、本隊と分かれ、アフガニスタン内陸部に別働軍を率いる。 |
| 三二五 | 31 | 7月下旬、インダス川三角州のパッタラに到着。<br>8月末、アレクサンドロス軍パッタラを先発、沿岸を西進。<br>10月初、ゲドロシアのマクラン砂漠にはいり、大きな被害を出す（～12月初）。<br>12月初、カルマニアのサルムースに到着。休養。クラテロスの別働軍と合流。さらにネアルコスとも再会。<br>各地行政長官の権力的自立、反抗の動きが伝わる——「私兵解散令」布告。 | イラン東部諸州不穏の動きを、その途次に制圧。<br>10月下旬、ネアルコス艦隊、現在のカラチから出発。<br>財政長官ハルパロス、瀆職追及を恐れて、アテナイへ逃亡。 |
| 三二四 | 32 | 2月末、スサに到着。留守行政の退廃と各地自立化の不穏な動きに大粛清を加える。<br>ギリシア諸国に向け、「追放者復帰王令」を発し、さらに王自身を神として祀るよう要請。<br>初夏、スサで集団結婚式を行う。マケドニア老兵一万に対 | 7～8月、ハルパロス、アテナイに現れて政界紛糾。身柄引き渡しの強硬な要求。「ハルパロス事件」発生。 |

| | | | |
|---|---|---|---|
| | | して帰国除隊命令を発する。夏、マケドニア軍兵士、オピスで王の措置を不満として騒擾を起こす（「オピス騒擾事件」）。ついで帝国内諸民族の「和解の饗宴」を催す。初秋、エクバタナにおもむき、東征完結の祝祭典を催す。親友ヘファイスティオン急死。 | 「オピス騒擾」とその和解後、クラテロスがマケドニア老兵一万を率いて帰国の途につく。 |
| 三二四～三二三 | | 冬、ザグロス山中にコッサイオイ人を征討。 | |
| 三二三 | 33 | 年初、バビュロンに帰還。<br>アラビア半島周航遠征の実施準備をすすめる（6月4日進発予定）。<br>6月10日、アレクサンドロス死ぬ。<br>王位継承者推戴をめぐって、マケドニア軍が分裂の後、故王の異母兄と王の死後出生した遺児とが名目上並立、摂政ペルディッカス（バビュロン暫定体制）。 | ギリシア諸国から使節が来訪、王の神格の承認を伝える。<br>アテナイをはじめギリシア諸国、反マケドニア蜂起（ラミア戦争、～三二二）。 |
| 三二二 | | 帝国の跡目相続をめぐって、「後継者戦争」始まる（～二八〇）。 | ギリシア連合側、アンティパトロスのマケドニア軍に屈服。デモステネス自殺。アリストテレス死ぬ。 |
| 三一六 | | 故王の母オリュンピアス殺害される。 | |
| 三一〇 | | 故王の遺児アレクサンドロス四世と母ロクサネ、ともに殺害され、王統絶える。 | |

# 参考文献

「あとがき」にも触れたように、アレクサンドロスに関して、わが国では単行の著書のかたちに纒《まと》められたものは、これまでまだ、ない。したがってここで取り上げるべき、邦語による参考文献としては、飜訳書と通史的叙述の関係部分、および概観的な寄稿論文が主になる。専門的な特殊研究にわたる、学会誌発表の個々の論文については、省略する。


飜訳としては、

P・バム『アレクサンダー』（松谷健二訳、「偉大な生涯」4、筑摩書房、一九六七年）

P・ジュゲー『アレクサンダー大王史』（粟野頼之祐訳、「世界ノンフィクション全集」29所収、筑摩書房、一九六八年）

A・ウェイゴール『アレキサンダー大王』（古川達雄訳、角川文庫、一九七〇年）

また、A・ボナール『ギリシア文明史』第三巻（岡道男・田中千春訳、人文書院、一九七五年）も、アレクサンドロスからヘレニズム時代一般に関説している。

概観的な叙述としては、

井上　一「マケドニア王国とアレクサンドロスの東征」（『世界史大系』4、ギリシアとローマ、誠文堂　新光社、一九五九年）

村川堅太郎「アレクサンダー大王」（『世界の歴史』2、ギリシアとローマ、中央公論社、一九六一年）

粟野頼之祐「アレクサンドロス」（『世界の歴史』4、地中海世界、筑摩書房、一九六一年）
清永　昭次「アレクサンダー大王」（『世界の戦史』2、ダリウスとアレクサンダー大王、人物往来社、一九六六年）
村田数之亮「世界帝国への野望」（『世界の歴史』4、ギリシア、河出書房、一九六八年）
大牟田　章「マケドニア王国の発展とアレクサンドロス」（『岩波講座世界歴史』2、古代2・地中海世界Ⅱ、岩波書店、一九六九年）
大牟田　章「アレクサンドロス大王」（『日本と世界の歴史』2、古代・西洋先史―五世紀、学習研究社、一九六九年）
深田　久弥「アレキサンダー大王」（『中央アジア探検史』深田久弥・山の文学全集Ⅺ、朝日新聞社、一九七四年）
大牟田章『アレクサンドロス大王　「世界」をめざした巨大な情念』（清水書院、一九七六／一九八四年）
フラウィオス・アッリアノス『アレクサンドロス東征記およびインド誌』全二冊（本文篇・註釈篇）（大牟田章訳註、東海大学古典叢書、一九九六年）
ポンペイウス・トログス、ユニアヌス・ユスティヌス抄録『地中海世界史』（合阪學訳、京都大学学術出版会、一九九八年）
伝カリステネス『アレクサンドロス大王物語』（橋本隆夫訳、国文社、二〇〇〇年）
森谷公俊『アレクサンドロス大王　「世界征服者」の虚像と実像』（講談社選書メチエ、二〇〇〇年）
森谷公俊『王宮炎上―アレクサンドロス大王とペルセポリス』（吉川弘文館、二〇〇〇年）
アッリアノス『アレクサンドロス大王東征記付インド誌』（上・下）（大牟田章訳、岩波文庫、二〇〇一年）
クルティウス・ルフス『アレクサンドロス大王伝』（谷栄一郎・上村健二訳、京都大学学術出版会、二〇〇三年）

ピエール・ブリアン『アレクサンドロス大王』（田村孝訳、白水社文庫クセジュ、二〇〇二年）
エドヴァルド・ルトヴェラゼ『アレクサンドロス大王東征を掘る―誰も知らなかった足跡と真実』（帯谷知可訳、NHKブックス、二〇〇六年）
森谷公俊『アレクサンドロスとオリュンピアス』（ちくま学芸文庫、二〇一二年）
森谷公俊『図説　アレクサンドロス大王』（河出書房新社、二〇一三年）
森谷公俊『アレクサンドロスの征服と神話』（講談社学術文庫、二〇〇七年）

このほか、フィリッポス二世については、原　随園『アレクサンドロス大王の父』（新潮選書、一九七四年）が詳しく、東征およびネアルコスの航海についての地理学的な検討、東征による地理上の知見の拡大、などの問題に関しては、織田武雄『古代地理学史の研究―ギリシア時代―』（柳原書店、一九五九年）がすぐれている。

さらに、外国で出された最近のアレクサンドロス史研究書のうち、(A)量的に手ごろなもの、(B)写真、挿図を豊富にとり入れたもの、を、とくに英語文献のなかから数点挙げておこう。(C)はヘレニズム時代世界についての、すぐれた概説書である。

(A)（1） A. R. Burn, *Alexander the Great and the Middle East*, (Pelican Book), 1947, revised edition 1973.
（2） R. D. Milns, *Alexander the Great*, Robert Hale, London, 1968.
（3） P. Green, *Alexander of Macedon 356–323 B. C. A Historical Biography*, (Pelican Biographies), 1970.

(4) J. R. Hamilton, *Alexander the Great*, (Hutchinson University Library), London, 1973.

(5) W. W. Tarn, *Alexander the Great*, (Beacon Paper Back Series), Beacon Press, Boston, 1956.

(B) (1) P. Bamm, *Alexander the Great, Power as Destiny*, tr. from the German, Thames and Hudson, London, 1968.

(2) P. Green, *Alexander the Great*, Weidenfeld and Nicolson, London, 1970.

(C) (1) W. W. Tarn and G. T. Griffith, *Hellenistic Civilisation*, 3rd edition, E. Arnold, London, 1952.

(2) C. B. Welles, *Alexander and the Hellenistic World*, A. M. Hakkert, Toronto, 1970.

これらの外国文献のうち、(A)(2)については『西洋古典学研究』(日本西洋古典学会編、岩波書店) XVIII.(一九七〇)に、(A)(4)については、同誌 XXII.(一九七四)に、また(C)(2)については、同誌 XX.(一九七二)に、それぞれ大牟田の書評があり、さらに(B)(2)についても、同誌 XX.(一九七二)に村田数之亮氏の書評が掲載されている。

本書中に使用した図版は主として、上記のうち、P. Bamm, *Alexander the Great, Power as Destiny*. から借用し、一部は R. D. Milns, *Alexander the Great*. と J. F. C. Fuller, *The Generalship of Alexander the Great*. (Eyre & Spottiswoode, 1958) から採った。

# さくいん

## 【あ】



## 【い】



## 【う・え】



## 【お】



## 【か】

新《しん》・人《ひと》と歴史《れきし》　拡大版《かくだいばん》　09

**アレクサンドロス大王《だいおう》**

**「世界《せかい》」をめざした巨大《きょだい》な情念《じょうねん》〔新訂版《しんていばん》〕**

定価はカバーに表示

2017年5月30日　　初　版　第1刷発行

著　者　大牟田《おおむた》　章《あきら》
発行者　渡部　哲治
印刷所　法規書籍印刷株式会社
発行所　株式会社　**清水書院**
〒102−0072
東京都千代田区飯田橋3−11−6
電話　03−5213−7151㈹
FAX　03−5213−7160
http://www.shimizushoin.co.jp

カバー・本文基本デザイン／ペニーレイン　　DTP／株式会社 新後閑
乱丁・落丁本はお取り替えします。　ISBN978−4−389−44109−8